古代歷史文化 研究輯刊

六 編

王 明 蓀 主編

第 1 冊

《六 編》總目
編 輯 部 編

從商學派的法治思想看秦王朝的政經形勢

蔡 文 彥 著

國家圖書館出版品預行編目資料

從商學派的法治思想看秦王朝的政經形勢／蔡文彥 著 — 初版
— 新北市：花木蘭文化出版社，2011〔民100〕
目 2+104 面；19×26 公分
（古代歷史文化研究輯刊 六編：第 1 冊）
ISBN：978-986-254-595-9（精裝）
1.（周）商鞅　2.商君書　3.學術思想　4.秦代
618　　　　　　　　　　　　　　　　　　100015447

ISBN-978-986-254-595-9

9 789862 545959

古代歷史文化研究輯刊
六　編　第一　冊　　　　　　　ISBN：978-986-254-595-9

從商學派的法治思想看秦王朝的政經形勢

作　　者　蔡文彥
主　　編　王明蓀
總編輯　杜潔祥
出　　版　花木蘭文化出版社
發行所　花木蘭文化出版社
發行人　高小娟
聯絡地址　新北市永和區中正路五九五號七樓
　　　　　電話：02-2923-1455／傳眞：02-2923-1452
網　　址　http://www.huamulan.tw 信箱 sut81518@gmail.com
印　　刷　普羅文化出版廣告事業
初　　版　2011 年 9 月
定　　價　六編 25 冊（精裝）新台幣 40,000 元　　　　版權所有‧請勿翻印

《六編》總目

編輯部　編

《古代歷史文化研究輯刊》
增闢移民史專題序言

王明蓀

　　古代中國史上較著名的移民（emigration）行動是在西周初年。周武王滅殷商，向東方擴張，實行分封，以「藩屏周室」，分封則有移民行為。其後周公東征，平「三監之亂」後，再度實行分封，復行移民政策，錢穆師稱之為「武裝移民，軍事佔領」；這些移民措施，帶有濃厚的殖民（colony）色彩。秦統一中國後，始皇集天下富豪十二萬戶於首都咸陽，這仍是規模頗大的移民措施。而又以蒙恬出兵擊河套地區匈奴，將其逐出陰山之北，廣設四十餘縣，並移民實邊。周與秦的移民措施，是在政府強迫之下實施，屬於佔領新土地的「國內」移民，國內的移民在以後各朝代都有大、小規模不等的狀況。

　　漢末政局紛亂，有移民往遼東、西涼之地；而西晉衰亡時，晉室南遷，又有大規模移民於江南地方。「靖康之難」北宋覆亡，宋室南渡，同樣有大量移民遷至淮河以南。這些移民往往與流民的各處遷徙是相伴而行，有時尚不易區別。不惟如此，北方胡族如匈奴、鮮卑等也有民族遷徙移民往南，所謂「五胡亂華」，是長時期胡族移民近邊或入塞而居逐漸形成的，故而不論漢、胡都有移民的情形。至如北魏、遼、金、元、清等所謂「征服王朝」民族大量南進華北，甚至移民遍佈中國，則更是具有武裝殖民的性質，雖然而後的發展，或造成民族融合，或竟又移返塞外，乃至往中亞地區，都是歷史上族群因政軍勢力演變與征服統治而造成。個人、家族、族群在歷史上移民的現象所在多有，而原因及狀況不一，此處不再細說，較主要的原因大體不外乎朝廷的政策、天災、人禍的影響等。

中國歷史上各時期除去「國內」的移民外，有不少國外人們的移入，如北魏時，西域胡商販客多至，《洛陽伽藍記》稱：「附化之民，萬百餘家」，其數量可觀。唐代中亞的昭武九姓之民，突厥、回紇各族群紛至，又有中亞族群組成的軍隊，如杜甫〈喜聞官軍已臨賊境二十韵〉詩中說「花門騰絕漠，柘羯渡臨洮」，就是指回鶻、伊朗語系民族，一如元代有欽察軍，為斯拉夫民族所組成。而蒙元帝國跨亞歐之地，外人移入中國更為頻繁，以學者名家的例子來看，如康里族的巎巎、慶童，汪古族的趙世延，回鶻族的馬祖常、貫雲石，阿拉伯族的賽典赤、瞻思等，都是或早或晚移民的家族。

上述的國內移民以及國外移入的外國移民，通常都在各歷史朝代中作為各別的主題論述，少見以「移民」為單獨主題的討論。以移民為單獨主題的論述，大多以中國人往海（域）外移民為主，較偏於明、清及其以後的海外移民。早期華人外移，要以傳說中秦朝徐福率民往日本最為膾炙人口。亞美尼亞（Armenia）史家摩西（Moses of chorene）記載東漢末時，有批中國人移民到該地，是西方史書所述的中國移民。日本史著也記載漢末、三國以來有不少中國人移往日本，成為歸化之民，而僧侶、商人，自唐宋以來即因宗教與經貿關係有移民居留者，宋末遺民往日本、南洋移民居留者亦大有人在。唐代及其後，因地理、交通之便，往南洋各地移民者較多，如爪哇、蘇門答臘、新加坡、婆羅洲各地皆有，往中亞、印度、阿拉伯世界者也不乏其人。移民海外各次的人數多寡不一，愈往後則人數愈多，逐漸形成華人的社會與勢力，如明初鄭和下西洋，在馬來群島的舊港（polembang），即有華人陳祖義的勢力，擁有船隻十餘艘，徒眾五千餘，此即為海外移民勢力的例子。《明史》記載南洋各地中國移民頗多，其中不乏海盜流民，如陳祖義之類。但自十六世紀以來，西方勢力東進，雖然海外勢力漸為西方控制，移民的華人仍有些地方勢力，其中以暹羅王鄭昭最著，又如河仙（Hatien）的鄭天賜、宋卡（Songkla）的吳陽等等，都是移民史上的重要人物。

十九世紀之後，中國的海外移民更多、地區更廣，除上述的各地區之外，較重要的是韓國、俄國、美國、澳洲，歐洲各國與南非為其次，可以說幾乎遍佈世界，也因之，近代以來移民史漸受重視，而發展成華僑史之類的課題。移民史是包含國內、外移民的歷史，華僑史則限於中國人（華人）往海外（國外）的移民，二者都是移民，都有長遠的歷史可作研究討論。華僑或移民是人類的遷徙活動，這種遷徙的原因與緣由是什麼？如何遷徙？其過程及遭遇

又如何？對於母土（國）產生些什麼影響及作用？而更重要的是移民如何適應新環境，以及形成何種的社會？造成的影響如何？這些固然是歷史研究所要探討的課題，也是文化討論的對象。如溫雄飛《南洋華僑通史》所載的西婆羅洲華僑羅芳伯，他組成的「蘭芳公司」將企業與政治結合，造成一個傳遞十代、歷時百年的「共和國」。又如李亦園〈東南亞華僑的本土運動〉，以文化人類學研究「本土運動」（nativistic movemet），分別由各種認同（identification）對象的類型說明華僑社會的文化變遷，以之為中國文化的海外試驗場。這都可說明移民史不止是限於什麼時代、哪些人移民去到哪裡的歷史而已，還另有文化上的意義存在。

在古代歷史文化的研究上，對移民的歷史文化早有學者探討，只是研究取向與主旨有所不同，如陳垣的《西域人華化考》即為著名的例子，他以漢化與同化的觀點來看外來的移民，類似此種觀點在不少的非漢族文化討論上經常出現，此處暫且不論。以近代來看，移民海外的華僑甚多，已如上述，以台灣而言，基本上是個移民社會，幾次大型的移民都是歷史上相當重要的時期，論墾殖史也好，說開發史也好，都是移民所起的作用，從荷據、明鄭、清領、日治到遷台，每個時期也仍有移民所佔的地位，基於此，在《古代歷史文化研究輯刊》中，有必要增闢「移民史」的專題，以顯示其值得注重的意義。（本文相關的問題參閱張星烺《中西交通史料彙編》、李長傳《中國殖民史》、方豪《中西交通史》等專著）

又本輯刊的編輯，為照顧歷史文化的縱橫整體面，也開始輯入近現代相關的論著，固不限於古代，以期能「通古今之變」，在此也一併周知。

《古代歷史文化研究輯刊》六編　書目

《古代歷史文化研究輯刊》六編
各書作者簡介・提要・目錄

第一冊 從商學派的法治思想看秦王朝的政經形勢

作者簡介

蔡文彥，世居臺灣省高雄市，於民國九十九年七月畢業於國立高雄師範大學國文所，博士論文名爲《西漢前期儒家尊君說之研究》。

提　要

《商君書》內的思想並非出自商鞅一人，而是商鞅及服膺商鞅思想的後學者所作，故可視爲商學派的法治思想；是在商鞅之後，韓非出現前，秦朝推行以法爲治的執行者與擁護者。商鞅與商學派就秦國當時的歷史背景與文化特點，制定了適合秦地國情的律法，其基礎是進步的歷史觀，並以權勢與「法、術」成爲保障國君地位的賞罰二柄，藉以推動強國之術的各項方案。其中，有各項重農抑商的法家傳統主張，也有因應戰國中晚期後，秦國大量兼併三晉土地、缺乏農耕人力的武裝殖民政策，最後這些論述皆可歸結到是屬於商學派的尊君學說。在商學派法治思想的影響下，秦王朝的政經形勢分別呈現出不同的面貌：第一，在政治上形成了鞏固中央集權的官職結構，並確立郡縣制，集權控制地方，以及嚴定考客，明覺查察官吏功過的政治制度；第二，在經濟上的思維，大抵受限於時代環境的侷限，採取重農抑商的手段，其成效顯不理想；第三，在軍事上提倡首功制與全國徵兵，並以軍權之集中

保衛國君；第四，在社會方面，以重刑連坐統馭，以徭役重稅壓榨，使整個
國家資源與福祉全集中於國君，以此形成商學派獨特的法治思想。

目　次

第二冊　山海池澤之稅：前漢少府稅收問題研究

作者簡介

　　林益德，1982 年生於臺灣省臺北縣，輔仁大學歷史學系學士、國立中興大學歷史學系碩士，現就讀於國立臺灣師範大學歷史學系博士班。現任《歷史教育》助理編輯，曾任《中興史學》主編、《簡牘學報》編輯、《中華簡牘學會通報》編輯、《國語日報週刊（進階版）》作家。主要興趣爲了解生命、體會世界。研究領域爲秦漢、魏晉南北朝時代之經濟史、法律史，著有〈漢初的「行金」與「行錢」〉、〈秦、漢初簡牘中之刑徒稾衣問題初探〉、〈秦、漢之際簡牘所見〈金布律〉變異初探〉等多篇著作。

提　要

　　《漢書・百官公卿表》載少府「掌山海池澤之稅」，此語看似簡單但其在前漢財政、行政中的意義深遠。目前關於少府財政的研究成果，多偏重在帝室財政問題，專論少府稅收的內容、財政、行政等問題者有限，故可針對相關問題深入討論。

　　山海池澤四字在先秦、秦漢文獻中本指自然地理，而相似的用詞共有十

六個。山海池澤用詞似隨著山澤解禁，漸由自然地理意涵轉為自然資源。「稅」本指田租，後漸擴張為收的動作。「稅」、「賦」兩字之差異，只能代表其來源與用途，無法代表其歸少府或大司農。

「山海池澤之稅」概指與自然資源相關的稅收，這些收入依類型可分為水資源、土地資源、苑囿收入等三大項，共由鹽稅、漁稅、礦業稅、林業稅、園池收入等五種所構成。這些稅收隨時間演變，其有相當部分轉歸其他職官。此五項稅收中，以水資源稅收資料最多，這或與其重要性有直接關聯。

少府還有口賦、戶賦、獻費、酎金、關稅、市稅、酒稅、獻物等八大項收入，計可分為人口稅、物品類兩類。其中以口賦、市稅最為重要。此類收入在漢初比例不高，但隨山澤稅轉出，至漢代中期以下成為少府主要收入。

就山海池澤相關的行政問題言，少府應不涉及山澤行政。首先少府機構中山澤業務職官比例偏少，稅收官員亦相當有限。而郡國山澤職官，多非少府所能置喙。而《漢書·百官公卿表》的「掌」字，旨在說明少府最具特色的稅收。

最後少府的財政關係有幾點特色：首先，山海池澤之稅在前漢早期為少府主要稅收，但至前漢中期以下，則改以人口稅、物品類稅收為主。其次，少府經費應多為其他職官轉交。再者，前漢山澤稅為少府特別指定用途稅，其於後漢時取消原因是財政便利因素，公私財政分立就財政角度言並非良好。

本文說明「山海池澤之稅」在前漢的運作與意義，前漢少府財政的演變，可謂是中國財政史的重要轉變階段，此處共涉及前漢賦稅史、財政史、官制史與史學史等四大方面，而為日後研究相關領域的基礎，這當可擴大至討論秦、漢時期各種職官的財政運作。

目　次

第三冊　東漢皇權的深化與侷限──明、章二帝鞏固政權的措施

作者簡介

　　王惟貞，一九七三年生，台北新莊人。私立輔仁大學歷史學士、國立清

華大學歷史學碩士及博士。先後於私立中華大學、私立華梵大學、私立輔仁大學及國立台灣體育大學任教，擔任通識中心兼任講師與助理教授。早年以魏晉史事爲研究主體，近年來則關注兩漢至魏晉之間的政治變動與社會脈絡。

提　要

　　東漢「明章之治」和西漢「文景之治」是漢代著名的兩大盛世。「文景之治」後的漢武帝時代，西漢的國勢達於巔峰；相反地，後「明章之治」的東漢政權卻日益衰落。因此，本文試圖站在史料與後人的研究基礎上，重新分析明章時代的史事，以理解東漢衰落的原因。

　　過去的研究，往往著重在明、章二帝個人特質的差異性，魏文帝曹丕「明帝察察、章帝長者」的說法，也成爲後世研究者的共識。然而，過於強調明、章二帝個人特質的差異性，反而忽視了明、章二帝的治國政策具有高度的延續性。如同明帝的「永平之政」是光武帝「建武之政」的延續般，章帝對明帝政策的繼承與延續，遠遠超過後人的理解。因此，即使明帝與章帝分別採取「尚嚴」、「尚寬」的治國風格，還是不能掩飾光武帝、明帝、章帝三帝政策一脈相傳的事實。

　　其次，光武帝建國後，有鑑於王莽篡漢的教訓，不准外戚與政。然而，章帝以降的朝政，卻不斷出現外戚和女主干政的歷史事件。外戚與女主掌握朝政的原因，除了幼帝在位、太后臨朝聽政外，更重要的因素則是來自於東漢建國後，政權結構上的嚴重瑕疵。爲了鞏固帝國的根基，東漢初年諸帝透過削弱三公權力、嚴格管理官僚集團及宗室諸王等方式，加強中央集權。相較於中央改革的成功，地方改革卻失敗了，這又加深了東漢初年諸帝對中央官僚體系、儒生、宗室諸王的猜疑與不信任。正因爲諸帝猜忌以三公爲首的官僚集團和宗室諸王，有親戚關係卻無血緣關係的外戚，成爲皇權最有力的支持者。在中央集權的政治結構下，皇帝、女主與外戚遂成爲生命共同體，直到東漢覆滅爲止。

目　次

第四冊　晉史蠡探：以兵制與人事爲重心

作者簡介

　　李隆獻：國立臺灣大學中國文學系學士、碩士、博士；指導教授爲張以仁先生。現任國立臺灣大學中國文學系教授兼系主任；曾任臺大中文系助教、講師、副教授。研究專長爲經學、史學、敘事學、禮俗、文化與現代小說。著有《晉文公復國定霸考》、《晉史蠡探——以兵制與人事爲重心》、《經學通論（修訂本）》（合著）、《群經概說》（合著）、《漢族成年禮及其相關問題研究》（合著）等，及學術論文數十篇。近年研究論題聚焦於兩方面：一爲「傳統復仇觀的省察與詮釋」，撰有論文十餘篇；一爲「先秦歷史敘事的省察與詮釋」，撰有論文數篇。

提　要

　　本論文以探究春秋時代晉國之興盛衰亡爲目標，而以「兵制」與「人事」爲重心。除〈緒言〉與〈結論〉外，分上、下二編，每編各三章，共計六章，另有〈附錄〉一篇，都三十萬言。

　　〈緒言〉：就研究主題、材料運用、研究方法等作概略性敘述。

　　上編第一章〈兵制述略〉：先述論晉兵制八次變革之情況及其原因與影響，以窺晉國國勢盛衰之轉變；次考晉國各軍間地位之高低，以知其階級層屬。

　　上編第二章〈州兵蠡探〉：先論作「州兵」之背景，繼考「州」、「兵」在春秋時代之意涵；並推考「作州兵」爲：將服兵役者之身分由「國中」之「士人」階層降而至於「州民」之兵制改革，乃晉國兵源擴增之關鍵。

　　上編第三章〈三行蠡探〉：探討「三行」與左右行、三軍之關係，以及「三行」之性質、地位、存廢；推定「三行」蓋晉國因長期與戎狄爭戰，爲因應實際需要而建置之步兵部隊。

下編第一章〈任官與賞罰述論〉：晉國國勢之強，除其強大之軍力有以致之外，亦與其人才任用之適當與賞罰之公允息息相關。本章先歸納晉國之任官與賞罰原則，次舉其不當之任用與賞罰，而並以史實爲證，述論任用與賞罰得當與否與其國勢強弱之緊密關聯，以明晉國興衰之機。

下編第二章〈將佐考述〉：先綜述將、佐將兵之利弊；次考將、佐所須具備之條件與任命之禮；三考各軍將、佐地位之高低，並述論其陞遷情況；末考各軍將、佐之更替，並論其彼此爭鬥與晉國國勢盛衰之關係。

下編第三章〈國政述論〉：先述究「國政」之意涵與異稱；次考國政之身分與職掌；三論國政之更替及其執政期間之行事與國勢之關係，以探究晉國興衰之內在因素。

〈結論〉：略言兵之可恃而不可恃，以明晉因兵威而強盛，亦因窮兵黷武而覆亡；並貫串各章研究所得，略加綜述。

〈附錄：晉史繫年〉：臚列自晉之始封至覆滅之晉國史事，附以列國大事，以利對晉國歷史實況、制度演變、國勢盛衰、人事更替及春秋局勢之了解。

目　次

第五、六冊　北魏與南朝戰略關係研究——從國家戰略觀點的解析

作者簡介

　　蔡金仁，臺灣省苗栗縣人，祖籍河南省上蔡縣，1970 年生於臺灣省嘉義縣。1982 年畢業於臺中市光復國小；1985 年畢業於臺中市光明國中；1988 年畢業於臺中縣立人高中；1992 年畢業於淡江大學中國文學系，旋即考取預官 42 期並入伍服役，1994 年自金門退伍。1997 年獲淡江大學國際事務與戰略研

究所碩士；2005 年獲中國文化大學史學研究所博士。研究領域為魏晉南北朝史，著有《北宋與遼、西夏戰略關係研究——從權力平衡觀點的解析》、《北魏皇位繼承不穩定性之研究》。2004 年起任教於樹人醫護管理專科學校通識教育中心，教授歷史、地理、歷史與文化等課程，並兼任行政職務，2004～2006 任教務處出版組長；2006～2009 任學務處學務長等職。

提　要

　　北魏與劉宋長達六十年的對立中，彼此長期的軍事戰爭與疆域爭奪，成為南北朝歷史研究的焦點，歷來研究二國的衝突，大多以歷史的角度集中在和戰關係的探討。本書以科際整合方式，結合「歷史研究」與「戰略研究」，深入考察北魏與劉宋的戰略關係，而戰略關係的表現主要在戰爭行為上，因此本書之研究，首先將北魏與劉宋重要戰役及衝突詳細論述並予以評析，並以此為基礎探討雙方的戰略關係。之後運用國家戰略之觀點與觀念，剖析北魏國家戰略的設計與運籌，瞭解北魏國家戰略在與劉宋對峙過程中之演變，深入考察北魏面對劉宋不同階段的國家戰略作為，並檢討其運籌及得失。

　　封建王朝以君王為中心，因此君王成為主導國家戰略的核心，而北魏歷代君王對劉宋的戰略思維與戰略態度均不同，所以形成的國家戰略也不同。為解析北魏歷代君王對劉宋的國家戰略，本書透過北魏與劉宋衝突的歷史演變軌跡，瞭解北魏國家戰略的轉變過程，勾勒出北魏對劉宋國家戰略之全貌。

　　本書除緒論、結論外，內文共分六章。第一章為概念架構的界定與說明，論述戰略、國家戰略的涵義，並闡述「戰略研究」的學術價值。第二章至第六章則是將北魏每位君王和劉宋的戰略關係，分章論述，研究該君王對劉宋的國家戰略及具體作為。而戰略關係的表現主要在戰爭行為上，因此每章的內容，皆先敘及該君王任內和劉宋的戰爭與衝突，將其過程作完整敘述，每場戰爭或衝突均分成戰略環境、戰略規畫與作戰經過、戰爭檢討三個部分。詳細論述完所有戰爭與衝突後，即進入該君王對劉宋國家戰略的討論。探討國家戰略時則分成國家利益、國家目標、國家政策三個部分，詳細解析三個部分的內容與意義，是如何構成該朝的國家戰略，將該北魏君王對劉宋的國家戰略描繪出清楚的輪廓。

　　本書研究之主題為歷史與戰略，以歷史敘述為經、戰略分析為緯，從北魏對劉宋戰略關係出發，運用國家戰略做為概念架構，解析北魏與劉宋的戰

略關係，並從歷史中得到驗證。易言之，本書即是從歷史研究、戰略研究、現代國家戰略觀念等三個面向，運用科際整合方式，對北魏、劉宋相互對峙時之關係與衝突進行深入的探討。相信藉由筆者這樣的嘗試，不僅有利於「戰略研究」與「歷史研究」的結合，更爲歷史研究提供新的取向——戰略研究取向。

目　次

第七冊　北朝的祠祀信仰

作者簡介

　　蔡宗憲，臺灣嘉義人，臺灣大學歷史學博士，中央研究院歷史語言研究所博士後研究，曾於佛光大學歷史系、臺灣科技大學、輔仁大學歷史系擔任兼任助理教授，現為中興大學歷史系助理教授。著有《中古前期的交聘與南北互動》專書一本，〈淫祀、淫祠與祀典——漢唐間幾個祠祀概念的歷史考察〉、〈南北朝的客館及其地理位置〉、〈佛教文獻中的山神形象初探〉等期刊論文數篇。專長領域為魏晉南北朝史，主要關注於文化交流、宗教信仰與社會變遷等課題。

提　要

　　祠祀信仰是中國傳統宗教的主要內涵，其淵源甚早，在政治、社會、經濟、軍事、禮學、民眾的精神與生活等層面均有深遠的影響，是研究中國文化時不可輕忽的一個重要範疇。先秦時，大致已經發展出祭祀天神、地祇與人鬼的祠祀體系，官方祠祀有明顯禮制化的傾向，民間祠祀則時有新變，但常受統治者的節制。自東漢至北朝期間，中國內部發生一些巨大的變動，如佛教傳入、統一帝國瓦解、北亞草原民族進入中原建立政權等，對中國本土的祠祀信仰產生了不少衝擊與影響。就民族、宗教與文化的融合而言，北朝明顯處於一個過渡性的階段，祠祀信仰在此時所引發的種種現象，不僅具有強烈的時代特色，也有助於我們理解隋唐的祠祀文化。

　　本書首先探究祠祀信仰的構成要素與宗教特性，繼而剖析北朝時祠祀信仰所引發之政治與社會現象、祠祀與佛教的互動情形，並根據《魏書》〈地形志〉和《水經注》中的祠廟記錄，歸納統計，以呈現北朝時各類祠廟的數量比例與分布情形。

目　次

第八、九冊　宋代幕職州縣官之研究

作者簡介

　　彭慧雯

　　經歷：輔仁大學歷史系，國立台灣師範大學歷史所，目前任職於國立陽明高中。

研究領域：宋代地方制度

興趣：閱讀與音樂欣賞。

隨著 1960 年歷史研究方向改由「下而上」的角度，許多歷史的小人物、物質文明皆逐漸受重視。然對歷史學而言，作者對社會史與生活史最感興趣。碩士班期間，藉由地方制度史的研究，企圖了解宋代地方文官的運作情況；過程裡看到地方行政的運作狀況，與每位小人物的百態故事。企圖藉由歷史上的小人物去還原地方文官的運作及其所扮演的角色與社會意義。

提　要

本論文在探討北宋地方（州縣）層級中，幕職州縣官設置實況。宋代諸多資料顯示將近半數文官曾有該資歷，可見該職官除曾任地方佐官外，更在文官階層轉換裡，具有重要意義。最終希望藉由幕職州縣官之研究，檢視國家權力與基層社會的互動關係，釐清北宋幕職州縣官在地方扮演的角色。

本文除緒論與結論外，共分為四章。第一章，相關成果與研究方法討論；第二章，探討幕職州縣官的歷史淵源，與制度演變。大體而言，「幕職州縣官」為一泛稱，包含判官、推官、掌書記、支使、參軍、縣令、縣尉、主簿等職官；縱然學者將此等職官，視為唐末藩鎮制度的調整，但幕職官與州縣官兩者沿革演變，乃不可同日而語。此外，五代十國各政權對幕職州縣官編制，也有所殊異。大抵北宋幕職州縣官稱謂的合流，與相關制度之確立乃奠基於後周。

第三章，對北宋幕職州縣官編制作討論。自北宋中後期起，地方制度衍生諸多問題，如：獵官奔競、冗官待闕、改官不實及偏遠地區不赴任等弊病。此外，大環境背景改變，也使得制度有所調整與變異，其中縣尉的選授，曾因地方治安紊亂，改以武人擔任，一反宋初以文官出仕幕職的情形。面對眾多流弊的產生，北宋統治者是有心改革；但隨著主政者，與新舊黨執政之差異，對地方編制出現意見相左的情況。至於，王安石變法，更使北宋黨爭議題加劇，促使幕職州縣官淪為政客左遷之職。

第四章，針對幕職州縣官在北宋官僚體制意義做討論，先對工作職能做探討；其次，以該職官之仕途轉遷做研究，最後則探討身為地方文官的自處與為難。由於幕職州縣官的升遷考課，及政策執行，皆掌握於地方首長，故身為佐官如何面對。於諸多政策執行與地方實務，受胥吏與豪強所箝制，致

使工作上頗受某種制擎。

　　第五章，在探討彼等官職與北宋政權的統制機能。儘管幕職州縣官來源及背景相當多元。但具進士資料者，爾後較有機會進入主權力核心。然北宋不同時期對人才拔擢與文風盛行區，多隨著外在環境改變而有所不同。此外，利用文官的奏議，去佐證該資歷與出身籍貫，對文官仕途轉遷的影響。最終，藉由北宋宰相階層，剖析幕職州縣官與階層轉換，及探討幕職州縣官的任官經歷，對宰相施政風格之影響。

目　次

第十冊　宋代士族婦女的婚姻生活—以人際關係爲中心

作者簡介

徐秀芳

1962 年出生於風城新竹。

國立清華大學歷史研究所碩士、國立台灣師範大學歷史研究所博士。

現任亞太創意技術學院通識教育中心助理教授。

凡有關中國婦女史相關領域皆有研究興趣，近年來研究面向亦擴及台灣歷史與客家文化等課題。

提　要

　　本文試圖透過宋代士族婦女婚姻生活與人際關係的互動，較全面探討宋代婦女在家族的角色與地位，期能較完整的呈現宋代婦女生活面貌。首章以《司馬溫公家範》爲主，《溫公書儀》爲輔，試論宋代士大夫的婦德觀；第二章探討在室女的角色與地位及已婚婦女與娘家的關係；第三章分析已婚婦女和公婆的互動；第四章則探討宋代夫婦之間的相處；第五章探討宋代婦女生育的情形與母子（女）之間的感情；第六章則是描述婦女寡居後的生活與再嫁的情形。

　　宋代婦女受限宗法制度，家庭地位不及男性。許多婦女在室時接受書史知識和女紅雙軌教育。婚後，以夫家爲中心，但與娘家關係仍非常親密，尤其當她們遭遇夫家劇變或丈夫亡故時，往往會返回娘家。婚後婦女多能孝順公婆，盡到養生送死之責。至於夫妻相處，除了強調信守彼此承諾外，亦如現代的夫妻相處呈現多元風貌。生育乃是婦女天職，婦女懷孕生子，是一生最艱辛的階

段。但兒女與母親朝夕相處，往往建立最親密的依附關係。丈夫死後，年長的寡婦較無經濟顧慮，有多種的生活方式可選擇。年輕的寡婦，經濟是嚴峻的考驗，固然有婦女可自力更生，不過多數依附親族為生。也有婦女在自主或被動的情形下，選擇再嫁。

目　次

第十一冊　肝膽楚越——蒙元晚期的政爭（1333-1368）

作者簡介

　　洪麗珠，1974 年生於高雄市。2011 年於清華大學歷史研究所取得博士學位。攻讀清華大學碩士學位時期曾任文獻會日據時代總督府檔案彙整人員、國科會「夢溪筆談與宋代筆記」研究助理、參與製作「神奇的夢溪世界」網頁，並獲得教育部歷史類網頁內容建置比賽優等獎、蕭啓慶院士主持之國科會「元朝進士錄重建計劃」研究助理。2002 年任教育部大學學術追求卓越計劃專任助理。2002 年至 2009 年為新竹國立科學園區實驗中學高中部、國中部歷史科兼任教師。

　　碩士、博士皆跟隨中央研究院院士、清華大學歷史所專任教授蕭啓慶先

生從事蒙元史研究，專長領域爲蒙元史、政治制度史、宋遼金元史。

著作目錄

1. 〈元朝晚期的政爭——權力爭或意識型態衝突〉，（國立清華大學歷史研究所碩士論文，2001）。

2. 〈蒙古原有政治文化與元季權臣政治——以伯顏、脫脫爲例〉，（第四屆國際青年學者漢學會議：多元族群下的漢學研究，2005）

3. 〈元代鎮江路官員族群分析——江南統治文化的一個樣本〉，（南京：元史論叢第 10 輯，2006），頁 251～277。

4. 〈回顧 1990 年以來台灣的中國政治制度史研究〉，〔日〕《中國史學》，第 18 卷（2008 年 12 月）。

5. 〈從捕盜官到牧民官〉，收入《中國傳統文化與元代文獻國際學術研討會會議論文集》（北京：中華書局，2009），頁 780～804。

6. 〈元代縣級官員群體研究〉，（國立清華大學歷史研究所博士論文，2011）。

提　要

　　朝代的興起往往比衰亡受到重視，第一個全面入主中國的征服王朝也不例外。元朝晚期佔整個元代三分之一強，政府的腐敗導致地方叛亂或所謂階級鬥爭加劇的印象深植人心，但是此一過於簡化的理由卻不是元朝滅亡的深層答案，爲了解蒙元末代朝廷究竟遭遇了何種政治難題，以致坐視南方叛亂日益擴大，終致不可收拾的地步，就必須針對順帝朝政治上的變化進行考述。

　　元朝的政治與漢族王朝大體上出現了一些類似的現象，例如派系鬥爭、權臣秉政，但是類似的現象背後卻蘊含不一樣的政治意義。元代晚期由於背負著末代的罪惡，上有政治紛擾，下有民眾反叛，所以將原本值得重視的議題掩蓋。要而言之，本文試圖去探究不合理的施政背後的合理原因。這並不純粹是歷史的同情感作祟，而是元朝統治本身所透露出的獨特訊息吸引人去了解它統治失敗的原因，其中牽涉到深刻的文化問題，而文化的接觸、融合、衝突等過程，實爲歷史研究中最吸引人的一環。Dardess 教授曾對元朝晚期的政治文化問題，提出了引人注目卻頗受爭議的論旨，無形中也提供了此一課題進一步探討的空間。

　　本文的重點在於探討元統元年（1333）到至正廿八年（1368）之間主要

政爭的性質，以及因政爭所衍生的問題，從而顯現政治紛亂的根本原因。政爭的問題在中國傳統王朝中並不罕見，原因不外意識型態的對立或者權力的爭奪，但是在征服王朝的統治下，爭議內涵較漢族王朝複雜許多。漢族王朝立國施政皆是以廣義的儒家政治思想為基準，但是征服王朝除了受到漢地政治文化影響之外，更受到自身固有政治文化的牽制，因而使其政治問題蒙上族群色彩。

至正十四年脫脫正式下臺是元晚期政爭史的分界點。在此之前，政爭的主軸圍繞著意識型態而進行，牽涉到漢法與蒙古法的對立，雖然其中又夾雜理財爭議，但是理財問題其實只是漢法與蒙古法之爭的延伸，並不構成政爭的主幹。關於元朝的儒化問題，在脫脫主政下，確實有一連串的強化儒治政策，其中尤其是三史的修撰更是一個重要的里程碑，它宣告了元朝與漢族王朝歷史鎖鏈的連接。因此 Dardess 教授認為脫脫主政以後，儒家思想成為政府施政的最高準則，意即其政權性質已經儒化。

就蒙元本身的政治發展來說，針對至正元年到十四年這一段被視為儒治大盛的時期，以中書省用人的族群背景來說，大致上與張帆教授所統計的整個元朝中書省用人比例相近，漢人、南人大多維持在三成上下，而且南人幾乎無法進入中書省任職。中書省雖然不能完全代表蒙元朝廷官員族群背景的概況，但是職權之要卻足以成為指標，顯示漢人、南人在元代政治上層的影響力並沒有明顯增長。另外科舉出身是培養儒臣的最主要管道之一，但是即使是脫脫更化，也只是恢復了科舉，而非擴大了科舉。總之，脫脫的更化在元朝儒治史上具有重要意義，但是卻不足以對元朝的政權本質產生根本性的影響，Dardess 教授實高估了元晚期的儒化程度。

至正十四年以後，政爭的議題主要為軍閥干政與皇位爭奪，此兩大政爭使至正後期的政治局勢更為嚴苛，它主要牽涉到政治權力的糾葛。值得一提的是，在至正十年到廿年之間，在軍事上依靠著幾位傑出的將領，一度頗有軍事中興的氣象，但是隨著皇位爭奪與軍閥利益交疊，軍事中興的成果也隨之煙消雲散。元朝軍事不振的關鍵在於察罕帖木兒的早逝，使蒙元失去兼具軍事實力及政治聲望的支柱。察罕帖木兒具備高明的政治手腕，能自免於中央局勢的紛擾，專力應付地方叛亂，察罕之後的將領，則因為捲入中央政爭，以及搶奪利益的互鬥，因而只能坐視地方叛亂坐大。

綜觀全文，可以對蒙元滅亡的原因作出以下的結論，意識型態的紛爭是

元朝國祚不永的遠因，而權力爭奪則促成晚期政治的癱瘓，這並非是征服王朝的宿命，因爲同樣的紛爭也會發生在漢族王朝身上，但是征服王朝的特質卻促使政爭局勢更爲嚴苛而難解。

最後要強調的是，關於「農民起義」的原因，一直是元史界的爭論焦點。早期皆認爲是族群問題，元史前輩蒙思明教授則提出以經濟爲主軸的階級鬥爭才是引發農民起義的眞正原因。從元代晚期政爭的本質來看，亂源在於文化差異，而文化差異難以弭平是因爲族群猜忌，當時人陶宗儀、葉子奇等也指出元朝滅亡的根本原因在於族群區隔。因此嚴格說來，民眾當然是因爲生計艱困才會鋌而走險，但是促使叛亂情勢難以收拾，主要在於朝廷陷於政爭，無法騰手妥善處理地方叛亂，政爭則導因於族群文化對立問題。故就中央的角度來看，族群問題雖非農民起義的導火線，卻是導致叛亂無法收拾的根本原因。

目　次

第十二冊　明代劉天和之生平經歷與治黃理漕

作者簡介

　　謝榮芳，臺灣屏東縣人，1982 年 1 月 14 日生，國立屏東高級中學畢業，國立中興大學歷史學系畢業，國立彰化師範大學歷史學研究所畢業。

提　要

　　劉天和（西元 1479～1545 年）是一位著名的明代河官，生長於成化、弘治二朝，求學於弘治朝，歷仕於正德、嘉靖二朝，自正德三年（1508）正式步入仕途後，仕宦歷程約分爲四段時期：（1）巡按監察御史時期—正德七年（1512）及正德十六年至嘉靖十一年（1521～1532）；（2）府縣地方官時期—正德八年至嘉靖十一年（1513～1521）；（3）總理河道官時期—嘉靖十三至嘉靖十四年（1534～1536）；（4）陝西三邊總制（督）時期—嘉靖十四年至嘉靖十九年（1535～1540），在風憲巡察、府縣吏治、邊防軍務、整治水利上多有建樹與功績，是一位具有文謀武略之能臣。

　　本書的論述以人爲主，以事爲輔，總計五章，除緒論和結論外，主論析分爲三章：第二章爲「家世生平與仕宦歷程」，敘述天和的生平事蹟與仕宦經歷，其先後擔任監察御史、金壇縣令、湖州知府、總理河道官及陝西三邊總制等職，任內多有政績和功勳。第三章爲「整治黃河理論與實務」，明中期，朝廷以「治河保漕」與「北隄南分」爲治黃理漕的兩大方針，而這些予天和寶貴的治河經驗，亦爲治河思想的來源。雖承續前人，理論與實務上卻有所創新，尤創制「植柳六法」。第四章爲「濬理漕河與修護陵墓」，分析山東段的漕河運道的河工；另，爲確保漕河的暢通，抑黃河向南分流，這些均對下

游河道沿岸的居民造成危害，甚威脅皇室陵墓，故天和對此均有提出主張與實務治理。最後，希望本書能對於明代水利和環境史的研究園地能有些許貢獻外，更能對當今人們在解決環境與生態惡化問題能有所助益。

目　次

第十三冊　明代徐貞明與西北水利研究

作者簡介

王國基，雲林人，不拘泥小節卻又吹毛求疵、愛好自由但贊成有限民主，畢業於斗六高中、中國文化大學史學系、彰化師範大學歷史學研究所，曾修習公民、地理與教育等課程，鍾愛歷史，尤其是魏晉南北朝史與明清史，興趣：閱讀、看電影、命理研究等。

座右銘：凡事豫則立，不豫則廢

提　要

透過史料的整理，編織徐貞明父子爲官生涯的一生，了解貞明受其父影響頗深。對於貞明上疏〈亟修水利以預儲蓄酌議軍班以停勾補疏〉一疏中的「議班軍以停勾補」問題，先對明代衛所軍戶制度的淵源廓清，再透過分析明代諸多大臣的奏疏，討論貞明欲仿匠班的方式以改善勾軍是否可行。

明代中晚期以後，解決北方糧食的方法，大多依賴漕運，但漕運政策，造成東南百姓苦不堪言與西北田地逐漸荒蕪等問題，因此貞明提出發展西北水利的方法，一方面開河渠發展農田水利以就近解決糧食問題，又可舒緩東南民力；一方面在河源引水灌漑可減緩河川中下游河川水勢，又可改善北方鹽鹵土質的功用；一方面又可遏止北方鐵騎南下，對於外患來自於北方的蒙古，以至於後來崛起於東北的滿族來講，發展西北水利，溝渠可抑制敵騎的馳騁。只是國家狃於常習既久，因循且過，加上當時地理環境，山西、河北等地，森林砍伐殆盡，已有沙塵暴問題出現，而這也正是貞明在開發西北水利之際，忽略水土保護的問題。

任何理論的提出，需要時間的驗證，徐貞明的《潞水客談》是明代倡言開發西北水利的理論著作。在萬曆十三年（1585）九月至翌年三月，爲期約短短八個月的時間內，貞明共開墾了三萬九千餘畝的農田，後雖因政爭的結果，萬曆皇帝以「擾民」爲由，罷除貞明墾田使憲職，人去政息，但卻引起了多位文人及官員的迴響與踵繼。

目　次

第十四冊　晚清東北基督教傳播及民教衝突（1860～1911）

作者簡介

　　楊福興，1980 年 6 月 8 日生，彰化二林人，2004 年 6 月畢業於逢甲大學中國文學系，獲得文學學士學位；2009 年 7 月畢業於逢甲大學歷史與文物研究所，獲得文學碩士學位。撰寫碩士論文，承蒙周樑楷、查時傑、莊吉發、陳方中等老師指導論文，研究晚清東北基督教史，主題爲「晚清東北基督教傳播與民教衝突（1860-1911）」，透過東北基督教傳教過程，重新檢視中西文化交流的歷史課題。

提　要

　　本文以咸豐十年（西元 1860 年）至宣統三年（西元 1911 年）基督教在中國東北地區傳播及民教衝突爲研究重點。基督教在東北的傳教活動，反映

出在華傳教工作的複雜性，其中包括自然環境、人為政策、內部問題、外力
干擾等問題，同時也說明基督教在異質文化衝突的處境與關鍵性。《中法北京
條約》簽訂後不久！清廷的禁教政策、東北的封禁政策也隨之解禁。於是傳
教據點增加了，但是民教衝突也層出不層。民教衝突造成損傷過巨，傳教士
為了重建據點，向清廷索取賠償，彌補精神上與物質上的損失，以復原東北
的傳教工作。清廷與基督教為了處理民教衝突，透過和解、文化教育、慈善
醫療，為東北傳教活動，開創新契機。

目　次

第十五冊　清末的江蘇教育總會（1905-1911）

作者簡介

陳昀秀，臺灣台中人，一九七九年生。臺灣大學歷史系學士，臺灣大學歷史研究所碩士，目前就讀於臺灣大學歷史研究所博士班。

提　要

本論文主要是透過江蘇教育總會在清末學界中的種種活動，突顯改革派士紳在清末複雜的政治、社會中所遭遇的困境。藉此個案研究，可以讓我們較為深刻地體會清末改革派士紳的雙面性，及其在傳統與現代轉化之間所面臨的困局。清末改革派士紳所面臨的困境有三。第一，改革派士紳的政治理

想藍圖是依照英國、日本此等君主立憲國而建造的，所以他們勢必要與官方合作。但清廷卻因對種族與權力的畏懼，無法誠心地將這一股改革的力量納為己用。第二，改革派因屬於新興的社會勢力，並且具有中央公權力的加持，故與舊派地方紳董處於地方權力資源的競爭關係。而這樣的權力競爭關係，不只存在於地方社會中的兩派士紳，亦存在於地方官、改革派士紳和中央政府之間。第三，則是藉由下層民眾的反應，顯示改革理想與傳統社會習慣的不相融。層出不窮的毀學風潮，揉合了一般民眾對於洋人事物的恐懼和想像；而西方近代民族國家對社會進行的科層化控制，與傳統中國控制社會的方式不同，使得下層人民感到無所適從。改革派士紳雖有啟蒙下層社會的努力，但當時他們最關注的問題仍在政治改革的層次。本書企圖藉由此三種面向的處理與分析，讓我們更了解清末改革者所面臨的各種困境。

目　次

第十六、十七冊　中古史學觀念史

作者簡介

　　雷家驥，祖籍廣東順德，民國六十八年獲得中華民國教育部頒文學博士。先後在中國文化大學、東吳大學、中正大學歷史系所專任教授，也曾在兩岸著名大學兼任教席或短期講座。現任中正大學歷史系專任教授、《中國中古史研究》創刊人兼總編輯。發表過期刊論文六十餘篇、會議論文十餘篇、專書九本，新近主編完成《嘉義縣志》十三冊。

提　要

　　本書是國際學界首部系統性研究中國中古時期史學思想觀念及其發展史的專著，舉凡此時期主流史學觀念之形成、內容、發展以及影響，大率都已予以深入探討，獲得學界高度好評。「中國高等教育改革與發展網」可惜作者不再持續研究到當代，而稱許作者「走出了一條新的史學史研究路徑，但他本人似乎并沒有覺察到這條路徑在史學史研究取向探索上的歷史貢獻」。實則作者表示術業有專精，且人類的學問由累積而成，最後匯成大道不必成功在我，若本書確實有貢獻於「新的史學史研究路徑」，則日後必有繼起超越者。

目　次

第十八、十九冊　三蘇史論研究

作者簡介

　　陳秉貞，國立台灣師範大學國文研究所文學博士，現任台北市立金華國中教師、國立台灣師範大學國文學系兼任助理教授。經歷：世新大學中文系、國立臺北教育大學語文與創作學系兼任助理教授，教育部國民中學國語文教科圖書審定委員，國立教育資料館國語文領域學習影片製作委員會媒體委員。著作有：《余秋雨散文研究》、《三蘇史論研究》、《情境式創意作文》（合著）、《圍攻錯別字辭典》（合著）等。

提　要

　　北宋蘇洵（1009-1066）、蘇軾（1037-1101）、蘇轍（1039-1112）父子三人，並稱「三蘇」。三蘇父子不但同時名列唐宋古文八大家之中，又以豐厚的學養

基礎，建構出具有獨特風貌的思想體系。在學術史上，建立了三蘇蜀學，與荊公新學、溫公朔學和二程洛學等各大學派分庭抗禮。三蘇蜀學最常被提到的特色就是對於史學的重視，從各家的評論和三蘇的實際創作表現，都能看出史論在三蘇文章創作中的代表性。本論文在伽達默爾哲學詮釋學理論、新歷史主義、形式主義文論和中國文章學等各樣理論的啟發下，以「三蘇史論」作為研究對象。透過直接閱讀三蘇的史論作品，與三蘇進行「對話」，嘗試著去詮釋他們對於歷史的詮釋，並試圖建構出他們藉由史論所要建構的意義。最後得到四點結論：第一， 三蘇獨特的成學背景，造就了三蘇史論「博古宜今」的特色。第二， 三蘇史論呈現出「重史」、「重人情」、「重通變」、「重調和」的特色，是源自三蘇對於知識傳統的吸收與創造。第三， 三蘇史論對於個人和國家的意義建構，是歷史意識與現實態度的密切結合。第四， 三蘇史論不但繼承了文學傳統，並且為史論的表現力開創出新的局面。總而言之，三蘇創作了「史論」，「史論」也成就了三蘇。

目　次

第二十冊　漢代草書的產生

作者簡介

郭伯佾，臺灣省臺南市人，民國四十四年生。中國文化大學新聞系學士、藝術研究所碩士、史學研究所博士。曾任中國文化大學學務處僑外組主任、實踐大學高雄校區主任、應用中文系主任；現爲實踐大學博雅學部專任副教授兼副主任、國立臺灣美術館書法類典藏委員。

主要研究領域爲文字學與書法藝術，亦旁及臺灣移民史與原住民文化藝術。教學研究之餘，或從事書法與陶藝創作──民國九十九年四月，曾假臺北市之時空藝術中心舉辦個展。

提　要

本文旨在探討漢代草書產生之相關問題，屬於中國書法史中之書體研究。全文除〈前言〉與〈結論〉外，共有六章。

第一章〈草書由萌發至形成之年代〉，下分三節，分別討論中國文字自初造即開始潦草化、春秋戰國時期草書特徵之出現以及草書書體出現之年代。

第二章〈漢代草書諸名釋義〉，下分三節，分別討論「草書」、「章草」與「今草」三名之取義及其指謂對象。

第三章〈促成漢代草書產生之原因〉，下分五節，分別討論促進草書書體產生之五種動力，包括：心理輕忽、時間緊迫、字數繁多、一味求快與草化成熟。

第四章〈漢代草書的字形淵源〉，下分三節，分別討論漢代草書源於大篆或小篆、源於秦隸或漢隸以及源於篆書與隸書之例字。

第五章〈漢代草書之筆畫演變〉，下分四節，分別討論漢代草書縮短筆畫、減省筆畫、連接筆畫以及牽帶筆畫之各種途徑。

第六章〈草書在漢代的流行盛況〉，下分三節，分別討論漢代著名的草書能人與可能使用草書的佐史級文書人員、法帖、磚刻與簡牘三方面的漢代草

書書蹟以及崔瑗〈草書勢〉與趙壹〈非草書〉兩篇草書專論之內容及其價值。

　　本文所使用的資料，包括甲骨文、金文、磚文、石刻文字與簡牘書蹟之圖錄與論著；與本研究相關之經籍與史冊，亦多所參考。

目　次

第二一冊 明清閒章美學

作者簡介

蔡孟宸，男，1983 年生於台北，國立中正大學中國文學碩士，現就讀國立中正大學中文系博士班。現任《書法教育》月刊編輯，以書法、篆刻之創作及推廣爲職志。

提 要

「閒章」是篆刻中最能展現藝術高度之菁華部份，其與文人文化關係密

切的美感底蘊至今尚未爲人發掘。本論文由當代印學／篆刻研究中「閒章」定義模糊、界說分歧的議題出發，《上編》由閒章「印語」、「刀筆」、「佈白」三項技藝，討論閒章如何獲得美感，如何橫生妙趣，《下編》則由「作品」、「作者」、「觀賞者」三方角度，從社會環境、文化背景探問「閒章」的獨特價值，並以作品傳播、創作活動、賞鑑品評等面向，建立閒章之美學體系，冀能提供讀者一種新的觀看視野，使篆刻之美得到彰顯。

目　次

第二二冊　清中期北京梨園花譜中的性別特質想像

作者簡介

　　張遠，臺灣臺北市人，1977 年出生，1999 年畢業於臺灣大學歷史學系，2002 年獲得台大歷史學研究所碩士，2010 獲得台大歷史研究所博士，主要專長爲清代至近現代中國的性別史和與戲劇相關的社會文化史，另著有《近代平津滬的城市京劇女演員（1900-1937）》。

提　要

　　本書關心的問題爲清代中期（乾隆末至道咸年間）的性別特質建構，使用的核心史料爲當時流行於北京的梨園花譜，這是一種由旅居北京的文人所撰寫，主要以形容女性的詞彙來描寫男旦的文本。本書從花譜中對於演員文才、談吐、道德、身體外貌的描繪，分析其中男性特質和女性特質的想像；並探討這樣的性別建構方式，如何與演員的地域、年齡，和個別氣質相連結，及可能的跨越性別意涵。

　　除了花譜之外，並參照比較當時及前代不同脈絡的書寫文本，包括小說、筆記、傳記，及相關二手研究，以彰顯花譜中性別觀念的特色及時代意義，希望指出傳統中國晚期性別文化的多樣性，不受限於僅僅是男尊女卑和禮教束縛的刻板理解，除性別問題之外，並進一步擴充文人社群、戲劇史的探討。

目　次

第二三、二四冊　金門宗祠祭禮探究──以陳、蔡、許三姓家族爲例

作者簡介

　　楊天厚，金門官澳村人。輔仁中文系畢、中山中文碩士、東吳中文博士。任中學教職二十二年，亦爲文史工作者，現爲金門大學兼任助理教授。著有《金門城隍信仰》，並與內人林麗寬女士共同撰寫《和諧的天地 金門古早醮

儀文化》、《金門婚嫁禮俗》、《金門殯殮儀典》、《金門歲時節慶》、《金門匾額
人物》、《金門俗諺採擷》、《金門寺廟巡禮》、《金門寺廟楹聯碑文》、《金門高
梁酒鄉》、《金門的民間慶典》、《金門民間戲曲》、《金門采風》、《金門風獅爺
與辟邪物》、《金門珠山社區總體營造——人文采微成果專輯》等書，共同譯
《釣磯詩集譯注》，並共同編《金門縣金沙鎮志》、《金門縣金湖鎮志》，暨《金
門縣官澳楊氏宗祠奠安紀念輯》等書。

提　要

　　金門素有「海濱鄒魯」雅稱，但以其孤懸東南海隅的框限性，以及長期
軍事箝制的封閉性，並以擁有豐厚閩南文化而廣受學界青睞。其中尤以量多
質精的祠堂，形塑閩南建築群裡最閃耀的星輝；祠堂中一年兩度的春秋祀祖
儀典，洋溢濃郁閩南古風之餘，更成為傳統祭禮儀節的奇葩。

　　紹述金門宗族的祭典，由於各姓氏間執禮者習慣的不同，常於「標準化」
範疇內略現部分的差異，但共同遵循的傳統「三獻禮」儀式，暨琳琅滿目的「滿
漢全席」供品呈現方式，卻是金門島民恪遵宋儒朱熹（1130～1200）《家禮》，
以及清代的《家禮會通》和《家禮大成》一脈禮規所萃聚而成的禮樂文化。

　　抉擇陳、蔡、許三姓家族作為研究取樣的對象，係因陳、蔡、許三姓氏
在明、清兩代科舉業各有不凡成就，其祀祖禮儀且各有不同特色，彼此間深
具互補性使然。南宋大儒朱熹出任同安縣主簿，簿同期間曾數度過化金門，
金門教化得以大行，禮教得以昌盛，金門之祭禮實踐能於「禮失而求諸野」
的今日，彰顯其不凡的特質與意義，朱熹的倡導教育與《家禮》的普及全面
化，對金門文風的興盛都有著一定程度的貢獻。

　　《禮記・祭統》云：「禮有五經，莫重於祭。」吉禮為五禮之首，祭祖儀
典且是吉禮的核心價值。金門早期相關文獻不多，許多深具閩南遺風的儀式，
莫不藉由代代相傳的禮生，以口耳相傳，或是簡陋的手抄本以輔助記憶。本
文撰寫即在透過系統化的整理，重新審視《家禮》在金門大眾所傳達和實踐
的面向，並將這些深具閩南古風的禮文作完整的留存與呈現。

目　次

第二五冊　由古書契論北淡地區客家移墾——以汀州客江、潘二氏為例

作者簡介

黃詩涵，民國 72 年（1983）生，臺灣苗栗客家人，畢業於淡江大學漢語

文化暨文獻資源研究所碩士班（現已改制爲淡江大學中國文學研究所語言文化組），曾參與淡江大學田野調查研究室，與周彥文教授、陳姵妤聯名發表〈淡水地區眷村調查研究〉，亦投入相關紀錄片的拍攝。

提　要

　　淡水可是臺灣北部最早開發之地區之一，今日尚存於淡水地區的鄞山寺，是清代客籍移民曾駐足於此區的重要標的，至今此廟仍由居住在大臺北地區的客籍移民們所掌理，持有鄞山寺股份中最主要的江姓家族，定居在淡水以北的三芝地區，而該區正是現今臺北縣市汀州籍移民最多的地區，且以三芝鄉八連溪爲北海岸地區漳州與泉州福佬的分界點（或稱之爲緩衝區），形成鮮明的聚落區隔。

　　本文試著透過蒐集北淡區文獻資料，並逐一訪查北淡區各客家家族，根據其所提供之家譜與古契書，將其分類、考訂與驗證，由諸多家族中，篩選出北淡區最具代表性，文獻史料亦最爲豐富之三芝江姓與石門潘姓，做爲本文論述之要角，初步勾勒出北淡區早期客家移民的型態。

　　本論文共分爲五章：

　　第一章緒論：陳述研究之動機、目的，以及選取的研究範圍、對象的過程，最後是研究步驟、研究流程的說明。

　　第二章爲主研究範圍——北淡地區相關文獻的評述，以及曾針對此區從事古文書的相關研究綜述。

　　第三章討論清代以及清以前北淡地區的開發情形，以及形成清代番漢聚落的歷史背景因素，其中包含有十七、十八世紀台灣稅制形成的過程。

　　第四章由筆者所收集之古書契、族譜，搭配古地圖及前人之研究，分別由三芝江氏、石門練氏來看清代北淡區客家移民的遷徙、定居，並融入在地的歷程。

　　第五章總結北淡區移墾社會的發展歷程，說明本文力有未逮之處，並提供未來可能延伸的研究途徑，供學者們參考。

目　次

從商學派的法治思想看秦王朝的政經形勢

蔡文彥　著

作者簡介

蔡文彥，世居臺灣省高雄市，於民國九十九年七月畢業於國立高雄師範大學國文所，博士論文名為《西漢前期儒家尊君說之研究》。

提　要

　　《商君書》內的思想並非出自商鞅一人，而是商鞅及服膺商鞅思想的後學者所作，故可視為商學派的法治思想；是在商鞅之後，韓非出現前，秦朝推行以法為治的執行者與擁護者。商鞅與商學派就秦國當時的歷史背景與文化特點，制定了適合秦地國情的律法，其基礎是進步的歷史觀，並以權勢與「法、術」成為保障國君地位的賞罰二柄，藉以推動強國之術的各項方案。其中，有各項重農抑商的法家傳統主張，也有因應戰國中晚期後，秦國大量兼併三晉土地、缺乏農耕人力的武裝殖民政策，最後這些論述皆可歸結到是屬於商學派的尊君學說。在商學派法治思想的影響下，秦王朝的政經形勢分別呈現出不同的面貌：第一，在政治上形成了鞏固中央集權的官職結構，並確立郡縣制，集權控制地方，以及嚴定考客，明覺查察官吏功過的政治制度；第二，在經濟上的思維，大抵受限於時代環境的侷限，採取重農抑商的手段，其成效顯不理想；第三，在軍事上提倡首功制與全國徵兵，並以軍權之集中保衛國君；第四，在社會方面，以重刑連坐統馭，以徭役重稅壓榨，使整個國家資源與福祉全集中於國君，以此形成商學派獨特的法治思想。

目

次

第一章 前　言

第一節　寫作緣起

　　本論文《從商學派的法治思想看秦王朝的政經形勢》，重點在討論《商君書》中的法治思想，與秦王朝在政治、經濟、軍事、社會方面的關聯，企圖以此勾勒出秦自商鞅變法後到一統天下間秦商學派活動的概況。

　　《商君書》，〔註1〕歷來皆被認為是商鞅本人的思想，無視於是書中大部分篇章作成的年代與商鞅所處時代不符，本文則認為《商君書》中的法治思想，所代表的是商鞅以後、在秦活動並服膺商鞅學說的後學者所發展完成的。再者，研究子學者如鄭良樹先生的《商鞅及其學派》（1987），分析《商君書》各篇作者、成書年代及其大義；研究秦史者，如林劍鳴先生的《秦史》（1992），從秦人早期歷史的探索，到秦滅亡的原因，皆有廣泛而深入的研究，唯獨對商學派在秦王朝活動的歷史軌跡，也就是《商君書》中的法治思想在秦王朝發展及應用的情況，較少有專門性的著述，本文希望由探討《商君書》內的法治思想在秦王朝政經形勢的應用上，將二者作一番聯繫性的探討，以確立二者間的關係。

　　商鞅，作為一位先秦的法治學家，有實際政務運作的經驗，在其身後秦國政治上大抵採用其學為施政方針；在商鞅之後，活躍於秦國政治上的「商學派」，將商鞅的主張有所發揮，也有所改進，而法家學說的集大成者韓非，

〔註1〕　本文採用朱師轍先生的《商君書解詁定本》為底本。《商君書解詁定本》：朱師轍，（台北：世界書局，1975年版）。

其學說的基本主張，也是由商鞅所開端。因此，本文欲就《商君書》中的理論，分析其任法不任人、立法執柄、明法以為教及各種崇本抑末的法治主張，探究商學派與秦王朝政經形勢的密切關係，希望能透過歷史現實與思想的結合，對商學派的學說研究有新的發展。

第二節　各章大意

本論文以《從商君書的法治思想看秦王朝的政經形勢》為題，全文共分六章。

第一章略敘寫作緣起及各章大意，由第二章進入正文。

第二章探討的是商鞅與《商君書》的關係。首先是敘述商鞅的生平，以及為秦功成身死的經過。商鞅作為一衛公子，在祖國積弱不得志的情況下到魏國宰相門下作一舍人，原以為有一番作為，可惜魏王不識，乃棄魏入秦，得遇明主孝公，後開展抱負，使秦國驟強，並為秦國留下良好的法治基礎。再者，《商君書》中的篇章，歷來為學者證明多半不為商鞅親著，但研究者多以《商君書》代表商鞅本人的思想。本文預先就此一題目作一「正名」的工作，希望還給「商君書」一個正確的歷史地位。

第三章所討論的是商學派所面臨的歷史背景。由於本文採取以《商君書》為商學派所作的立場，認為在商鞅之後，秦國的主政者多依循商學派的主張，所以在戰國當時，能影響商學派提出法治思想的歷史環境必先作一說明，才能瞭解其主張的目的為何。本文認為，春秋戰國以來，商學派所面臨的大環境都與宗法制度及封建制度的破壞有關。由於實行已久的封建制度逐漸崩解，取代此一制度的君主專政制及郡縣制正逐漸成形中，並且是由法家學派所主導，作為法家主流的商學派，如何能在原有的政治藍圖下，瞭解到時代環境所驅，並針對秦人固有的歷史背景，及秦人文化的特點，做出最合適秦國的法治改革，是本文所需解決的課題。

第四章論《商君書》中法治思想的探討，《商君書》中的法治思想，本文分為三部分討論。一是討論法治的理論和基礎，有兩項課題討論。由於進入戰國時代，原本在政治上講求的宗法禮序已蕩然無存，只有強國之道才能生存，所以商學派認為法治的基礎在於進步的歷史觀。又由於法律的公平、客觀性，使得法家皆將「明法」作為法治的方法。二是「尊君」學說的提倡，

提出「權勢與法術是君權的保障」、「國君必須善執賞罰二柄」。商學派的思想主要講求的是強國之術，將人民限定爲只能認同國家利益的工具，而國家的整體利益常爲國君一人所壟斷，此項訴求成爲韓非「絕對尊君學說」的先聲。三是敘述《商君書》中強調的各項強國之術，「以重農爲將經濟之本，經濟爲軍事的屏障」，商學派秉持著商鞅重農、重力的傳統，絕對講求動員戰爭的力量，並導向秦國上下成爲一個戰爭機器。

第五章論從秦王朝的政經形勢看《商君書》法治思想之成效。本文欲結合思想與歷史環境來討論，故以現有資料爲證明，查驗商學派的法治思想在當時秦國政治、經濟、軍事、社會方面的成效。在政治方面，由三個議題來討論，「鞏固中央集權的官職結構」、「確立郡縣制，集權控制地方」、「嚴定考課、明覺查察」。本文認爲這三個議題最能表現出商學派的思想在秦國政治上的成果。在經濟方面，從當時秦國大規模耕地的開發與取得、牛耕及鐵製農具的使用、及水利灌漑工程的進步，使得秦國的農業十分進步。但因爲戰國當時手工業、及商品經濟的發達，商學派所厭惡的商業活動無法盡除，並空前發達，使的秦國人民在政府與商人的雙重剝削下，經濟上民生困苦。在軍事方面，商學派重力的主張也是秦國主要的措施，其追求武力至上，所以實施全國徵兵制，並將君權集中，使君權的地位更爲提高。而在社會人民的福祉上，秦國主政者以政治、軍事、經濟方面壓迫民眾成爲國家的工具，以重刑連坐統治、以徭役重稅壓榨人民，反而使秦國顯得搖搖欲墜，埋下秦王朝暴亡的主因。

第六章結語。縱論商學派從商鞅主政以來，主導秦國國政思想，到最後統一六國，但也使得帝國分崩離析的過程，討論商學派的思想在政治上及制度上對秦國的影響。希望藉此對於商學派思想的發展變化與秦國國政的結合，能進一步的釐清關係。

第二章　商鞅與《商君書》之關係

　　《商君書》中的法治思想，與秦王朝整個政治、經濟及文化等方面有深重的關聯，但歷來學者對於商鞅與《商君書》之關係處理上模糊不清，若不加以辨明，則將直接影響到秦史以及相關論文的根基，是書雖屬名商鞅所作，但經歷來學者的考定，斷非一人一時之作，何以仍用商鞅屬名？故此二者之關聯，實必有先廓清的需要。

第一節　商鞅傳略

　　商鞅，戰國時衛人，又稱衛鞅，〔註1〕姓公孫氏，以其曾被封於商，故後人又稱其為商鞅或商君。其生平史未明載，但經學者考證，〔註2〕約生於西元前390年，卒於西元前338。以下即以商鞅離魏仕秦與功成身死兩部份來敘述其生平事蹟。

〔註1〕《史記・商君列傳》：「商君者，衛之諸庶孽公子也。名鞅，姓公孫氏，其祖本姬姓也。」衛國者，乃周武王少弟康叔之封國。(《史記・衛康叔列傳》)。

〔註2〕學者如錢穆先生《先秦諸子繫年・商鞅考》：「今姑定商君入秦年三十，則其生平應與孟子相先後，其壽殆過五十，而未及六十也。」陳啟天先生《商鞅評價》第一章：「孟子生於民國紀元前2283年，而商鞅於民國紀元前2281至2273年中已在魏作官，此時他雖年少，但至少約長孟子十五至二十歲。……即約自民國紀元前2302至2249年。」而黃紹梅先生總結前輩諸說，於《商鞅反人文觀研究》(第一章、第二節之二、頁13) 中詳細論證，其云：「……商鞅生於西元前390年左右，約長孟子十五至二十歲。據《史記・六國年表》所載，鞅卒於周顯王31年，即秦孝公二十四年，西元前338享年五十餘歲。」

一、離魏仕秦

戰國時，衛以弱小，臣屬於魏，商鞅仕魏相公叔痤，爲其門下中庶子，〔註3〕公叔痤知商鞅「年雖少，有奇才」，希望魏王「舉國而聽之」，但魏王竟以爲公叔痤老病昏瞶，嘿然而笑，公叔痤見魏王不信，囑咐魏王若不能用商鞅，「必殺之」，魏王亦不聽，待公叔痤死後，適秦孝公下令求賢，商鞅即西入秦以求發展。〔註4〕

商鞅入秦以前，秦的國勢並不強，雖爲七雄之一，但總是被視爲夷狄，不得參與中國的會盟。《史記・秦本紀》載：

> 孝公元年，河山以東，彊國六與。齊威、楚宣、魏惠、燕悼、韓哀、趙成侯並列，淮泗之間，小國十餘。楚魏與秦接界，魏築長城，自鄭濱洛，以北有上郡。楚自漢中，南有巴、黔中。周室微，諸侯力政，爭相併。秦僻在雍州，不得與中國諸侯之會盟，夷翟遇之。

而秦之所以如此見羞於諸國，是因爲內政混亂，君臣相伐所導致，《史記・秦本紀》又載：

> 懷公四年，庶長與大臣圍懷公，懷公自殺。懷公太子曰昭子，蚤死。大臣乃立太子昭子之子，是爲靈公。……卒，子惠公立。……惠公卒，出子立。出子二年，庶長改迎靈公之子獻公於河西，而立之。殺出子及其母，沈之淵旁。秦以往者數易君，君臣乖亂，故晉復彊，奪秦河西地。

而秦至獻公時，由於力圖振作，秦國勢力日益增厚，漸漸有凌駕其他諸侯之勢。〔註5〕故當孝公即位後，積極地想「復穆公之故地」，以力圖東進，此首

〔註3〕「中庶子」乃官名。司馬貞《索隱》中說明「中庶子」於《周禮・夏官》稱「諸子」，《禮記・文王世子》稱「庶子」，爲掌公族的官名。蔣伯潛先生《諸子通考》（頁215）認爲「中庶子」相當於「舍人」之類，如藺相如爲謬賢的舍人，李斯爲呂不韋的舍人。

〔註4〕《史記・商君書》記載如下：鞅仕魏相公叔痤爲中庶子。公叔痤知其賢，未及進。會痤病，魏惠王親往問病，曰：「公叔病有如不可諱，將奈社稷何？」公叔曰：「痤之中庶子，公孫鞅，年雖少，有奇才，願王舉國而聽之。」王嘿然。王且去，痤屏人言曰：「王即不聽用鞅，必殺之，勿令出境。」王許諾而去。公叔痤召鞅謝曰：「今者王問可以爲相者，我言若，王色不許我。我方先君而後臣，因謂王即弗用鞅，當殺之，王許我。汝可疾去矣，且見禽。」鞅曰：「彼王不能用君之言任我，又安能用君之言殺我乎？」卒不去。惠王既去，而謂左右曰：「公叔病甚，悲乎！欲令寡人以國聽公孫鞅也，豈不悖哉！」

〔註5〕《史記・六國年表》（卷十五）：「秦始小國僻遠，諸夏賓之，比於戎翟。至獻

要之事在於強秦，故下令求賢。《史記‧秦本紀》云：

> 昔我穆公，自歧雍之間，修德行武，東平晉亂，以河爲界；西霸戎
> 翟，廣地千里。天子致伯，諸侯畢賀，爲後世開業，甚光美。會往
> 者厲、躁、簡公、出子之不寧，國家內憂，未遑外事。三晉攻奪我
> 先君河西地，諸侯卑秦，醜莫大焉。獻公即位，鎮撫邊境，徙治櫟
> 陽，且欲東伐，復穆公之故地，脩穆公之政令。寡人思念先君之意，
> 常痛於心。賓客群臣，有能出奇計彊秦者，吾且尊官與分土。

魏惠王九年（西元前 362）魏相公叔痤死，明年，適秦孝公下令求奇計彊秦（孝公元年、西元前 361），故商鞅入秦，因景監求見孝公，[註6] 以「強國之術」打動孝公之心，君臣同道，奠定秦朝虎吞天下的基礎。

二、功成身死

商鞅的「強國之術」最大的敵人，正是來自秦國貴族的反對勢力，爲了打破舊有籠罩在政治、經濟上的陰影，商鞅與保守派甘龍、杜摯在孝公御前展開辯論，[註7] 論辯後更堅定孝公變法的決心，商鞅乃在孝公三年（西元前 359）實施第一次變法，《史記‧商君列傳》載條文如下：

1. 令民爲什伍而相牧司連坐，不告姦者，腰斬；告姦者與斬敵首同賞；匿姦者與降敵同罰。
2. 令民有二男以上，不分異者，倍其賦。
3. 有軍功者，各以率上受爵。
4. 爲私鬥者，各以輕重被刑。
5. 大小僇力，本業耕織，致粟帛多者復其身，事末利及怠而貧者，舉以

公之後，常雄諸侯」。

〔註6〕《史記‧商君列傳》：「孝公既見商鞅，語事良久，孝公時時睡弗聽。罷而孝公怒景監曰：『子之客妄人耳，安足用耶？』景監以讓衛鞅。衛鞅曰：『吾說公以帝道…罷而孝公復讓景監。景監亦讓鞅。』鞅曰：『吾說公以王道…罷而去，孝公謂景監曰：『汝客善，可與語矣。鞅曰：『吾說公以霸道，其意欲用之矣。誠復見我，我知之矣。衛鞅復見孝公，公與語，不自知膝之前於席也，語數日不厭。』」

〔註7〕此論辯言詞見於《商君書‧更法篇》，〈更法〉篇歷來被視爲僞作，但當是曾經參與其事，或是親聞商鞅敘述的人，可信度非常的高。此據鄭良樹先生《商鞅及其學派》之〈商君書作成時代的研究〉（頁 11～27）及第三章〈結論〉（頁 204）（台北：學生書局，1987 年 8 月初版）

爲收孥。

6. 宗室非有軍功，論不得爲屬籍。明尊卑爵秩等級，各以差次。名田、宅、臣妾、衣服，以家次。有功者顯榮，無功者，雖富無所紛華。

實行第一次變法後，史稱「行之十年，秦民大說，道不拾遺，山無盜賊，家給人足，民勇於公戰，怯於私鬥，鄉邑大治。」〔註8〕可見秦國國力已大幅提昇，而此時商鞅再實行第二次變法，完成其全部的改革。《史記・商君列傳》秦孝公十二年（西元前350）令曰：

1. 令民父子兄弟同室相息爲禁。
2. 集小都鄉邑聚爲縣，置令丞，凡三十一縣。
3. 爲田開阡陌封疆，而賦稅平。
4. 平斗桶權衡丈尺。

前後兩次變法，使秦朝脫胎換骨，國力殷實，商鞅得藉此實力向外爭伐，據《史記・秦本紀》，變法前後大事如下：

孝公元年，下令求奇計強國。

三年，商鞅說孝公變法。

五年，鞅爲左庶長。

八年，秦敗魏，斬首七千，取魏少梁。

十年，秦兵圍魏安邑，鞅爲將，後升爲大良造。

十二年，鞅改革田制，實行中央集權。

十三年，商鞅初爲秦相。

十八年，秦孝公會諸侯於京師。

十九年，周天子致伯於秦。

二十年，秦國富強，諸侯畢賀，會諸侯於逢澤，朝天子。

二十二年，商鞅勸孝公乘魏新敗伐魏，將兵勝之，虜魏公子卯，封商十五邑，號商君。

由上可知，秦由孝公初年「僻在雍州，不得與中國諸侯之會盟，夷翟遇之」（《史記・秦本紀》）的窘況，到孝公二十年，諸侯以秦國富強，會於逢澤，秦重新奪回霸主的地位前後不過二十年，可見商鞅變法成功之一斑。

而商鞅的身亡，主要是與他變法的主張和舊有貴族勢力衝突所致。孝公四年，秦民以新法不便，太子犯法，「刑其傅公子虔，黥其師公孫賈」（《史記・

<hr>

〔註8〕《史記・商君列傳》卷六十八。

商君列傳》)，而後秦人趨令。這代表在商鞅變法的推行中，舊有貴族勢力的失勢，而後商鞅又造成貴族本身權力的迫害（如土地私有制度，中央集權等），故當孝公「捐賓客而不立於朝」，秦國中新舊兩股勢力的鬥爭立刻表面化，在有秦王支持的舊貴族勢力佔上風之下，商鞅也就難逃「車裂」的命運。〔註9〕

第二節　對《商君書》的定位

《商君書》，舊題爲商鞅所撰，共二十六篇，但有二篇只存標目而無內文，實際上應只有二十四篇。〔註10〕

關於《商君書》的書名，《韓非子・五蠹篇》中提到：「今境內之民皆言治，藏商、管之法者家有之，而國愈貧，言耕者眾，執耒者寡也。」可見戰國當時已有傳本流行，而〈內儲說上〉、〈南面篇〉中所提「公孫鞅之言」、「商君」之語，可證明同屬法家的韓非見過商鞅的著作，但對其書名並無明確的交代。經過秦火之後，此書繼續流傳，《漢書・藝文志》載：「《商君》二十九篇。」是此書最早的書名資料。至三國蜀漢後，《三國志》、《隋書・經籍志・子部》，唐司馬貞註《史記・商君列傳》皆稱《商君書》，《商君書》之名乃行於世。〔註11〕

然而，唐魏徵於《群書治要》卷三六稱爲《商君子》，《商子》之名即由此始。〔註12〕五代時，後晉劉昫所著的《舊唐書、經籍志下、丙部》法家類即載：「《商子》五卷。」自宋代後多用《商子》稱《商君書》。如宋王堯臣《崇文總目》、晁公武《郡齋讀書志》、陳振孫《直齋書錄解題》，元托托《宋史、藝文志、子類》，明宋濂《諸子辨》、清《四庫全書》皆稱《商子》。唯宋歐陽修《新唐書・藝文志・丙部子類》與宋鄭樵《通志・藝文略・諸子類》法家著錄「《商君書》五卷」。

〔註 9〕 誠如黃紹梅先生於《商鞅反人文觀研究》（第一章、第二節，頁23）云：「倘合觀《戰國策、秦策一》與《史記・商君列傳》所載，商鞅車裂原由可作如下說明：其始於宗室貴族的仇讎，導於自身的威望權重，終以謀反罪名被誅。誠所謂欲加之罪，何患無辭」。

〔註10〕 此二篇分別爲「刑約第十六」及第二十一篇。第二十一篇原注「篇亡」，一說名叫「御盜第二十一」。

〔註11〕 《三國志、蜀書、先主傳》裴松之注曰：「諸葛亮集先王遺詔，敕後主曰：『……可讀漢書、禮記，閒暇歷觀諸子及《六韜》、《商君書》，益人意知。』」

〔註12〕 《四庫全書總目提要》稱《商子》名自《隋志》始，實誤也。

　　至清嚴萬里校正《商子》乃復稱《商君書》，〔註13〕之後，註釋家多用是名。如朱師轍《商君書解詁》、王時潤《商君書斠詮》、陳啓天《商君書校釋》，《商君書》之名乃復通行。

　　至於《商君書》的篇數，宋以前，《漢書‧藝文志》載「商君二十九篇」，不分卷，《隋書‧經籍志》載「《商君書》五卷」不分篇數，此篇數不得而知。至宋代，晁公武《郡齋讀書志、法家類》、鄭樵《通志‧藝文略‧諸子類》、王應麟《漢書藝文志考證》皆載二十六篇，已亡佚三篇。〔註14〕至元代又亡佚兩篇。〔註15〕清嚴萬里所據明代四明范欽天一閣藏本，與元鑴本同，自〈更法〉至〈定分〉凡二六篇，第十六〈刑約〉、第二十一篇皆亡。

　　由於歷史環境的變動，先秦古籍的眞偽問題常是學者注目的焦點，《商君書》自然也不例外。在秦火及楚漢之爭的動亂後，使先秦古籍遭到浩劫，《商君書》因是秦商學派所作，當不在秦火被焚之列，但楚漢之爭以後的大變亂，則有可能波及。劉大櫆〈焚書辯〉指出：「六經之亡，非秦亡，而是漢亡。因李斯焚書，但博士所藏俱在，未曾燒。至項羽入關，殺秦王子嬰，燒秦宮室，古先聖人的微言始蕩爲灰燼。」〔註16〕

〔註13〕嚴氏校本總目後案語曰：「隋唐志及唐代注釋家徵引並作商君書，不曰商子，今復其舊稱」。

〔註14〕《四庫全書總目提要》載：「陳振孫《直齋書錄解題》云：漢志二十九篇，今二十八篇，又亡其一。…讀書志成於紹興二十一年，既已闕三篇，書錄解題成於宋末，乃反較晁本多二篇。蓋兩家所錄，各據所見之本，故多寡不同歟？」今據詹秀惠《釋商君書並論其眞偽》載：「四庫提要引述陳振孫語，與今本直齋書錄解題所云不同，提要稱『今本二十八篇，已亡其一』，而今本書錄解題稱『今二十六篇，又亡其一』。……」，可知《四庫全書總目提要》所云有誤。

〔註15〕嚴萬里《商君書‧總目》載：「又其篇帙，漢志二十九篇，讀書志今亡者三篇。書錄解題今二十八篇，又亡其一，是宋本二十六、二十七篇。今得元鑴本，始更法，止定分，爲篇二十六，中間亡篇二：第十六、第二十一，實二十四篇，與今所行范欽本正同。……因以知宋無鑴本，或有之而流傳不廣，故元時已有所亡失也。」

〔註16〕見柳詒徵《中國文化史》（台北：正中書局，1987年出版。）上策，頁388。而另一個使是書大受打擊的原因，朱師轍先生曾歸納其因由曰：「兩漢以降，人主假崇儒之名，行專利之實，治理周尊法度，誅賞率由好惡，蕩決藩籬，弁髦憲典矣。而鞅之言曰：有道之國，治不聽君，民不從官，蓋其立法之旨，實君民同納於軌物，上下胥以法律爲衡，非獨官吏弗能行其私，人主弗能肆其志。是以專恣桀君，驕奢裔胄，豐祿貴卿，貪殘蠹吏，莫不疾法律如寇讎，而痛詆鞅學。才知之士，思爲世用，遂亦莫取昌言治其學，其學不顯，此又一因也。」見《商君書解詁定本‧自序》。

　　對於是書作者的真偽等問題產生疑義，應始於宋朝黃震，據《黃氏日鈔》〔註17〕載：

> 商子者，公孫鞅之書也，始於墾草督民耕戰。其文繁碎不可以句，至今開塞於千載之下，猶為心目紊亂，況當時身被其禍者乎？然殿中與御史之號，實用此書，事必問法官，亦出此書。後世一切據法為斷者，亦合省所自出矣。或疑鞅為法吏之有才者，其書不應煩亂若此，真偽殆未可知。

黃震至少已論斷〈更法篇〉不出於商鞅之手，但對於是書其他篇章，則以「真偽殆未可知」的態度懷疑，並未做任何說明。然而，同一時代的《周氏涉筆》〔註18〕則論斷《商君書》並非商鞅所作：

> 商君書亦多附會後事，擬取他辭，非本所論著也。其精確切要處，史記列傳包括已盡，今所存大抵泛濫淫辭，無足觀者。蓋有地不憂貧，有民憂弱，凡此等語，殆無幾也。此書專以誘耕督戰為根本。今云：「使商無得糶，不耕者誠困矣，力田者何利哉？暴露如邱山，不時焚燒，無所用之。」管子謂：「積多而食寡，則民不力。」不知當時何以為餘粟地也。「貴酒肉之價，重其租，令十倍其樸，則商酤少而農不酣。」然則酒肉之用廢矣。凡史記所不宰，往往為書者所附合，而未嘗通行者也。秦方興時，朝廷官爵豈有以貨財取者？而賣權者以求貨，下官者以冀遷，豈孝公前事耶？

今據《四庫提要》可知，周氏對《商君書》〈墾令篇〉所言「使商無得糶，農無得糴」的政策體會有誤，原書係禁止商人囤積居奇，主張應由官府操控；〔註19〕而對於「賣權者以求貨，下官者以冀遷」之事，賀凌虛先生認為「不能輕率而懷疑之為『孝公前事』」，〔註20〕因此語引自〈農戰篇〉，當是戰國末期之商學派所為。

　　之後，《四庫提要》中亦曾論及《商君書》的真偽問題，其書曰：

> 今考史記，稱孝公卒，太子立，公子虔之徒告鞅欲反，惠王乃車裂鞅以徇，則孝公卒後，鞅及逃死不暇，安得著書？如為平日所著，

〔註17〕卷55，頁31。（台北：商務印書館，四庫全書珍本，1971年）
〔註18〕見文獻通考，卷212，經籍考引，頁1738。
〔註19〕《四庫全書總目提要》指出《周氏涉筆》所言乃「據聞臆斷，未能確證其非。」卷101，頁2060。
〔註20〕見賀凌虛《商君書今註今譯》附錄，〈商君書真偽的推究〉，頁211。

則必在孝公之世，又安得開卷第一篇即稱孝公之諡？殆法家者流掇
鞅餘論以成是編，猶管子卒於桓公之前，而書屢稱桓公耳。諸子之
書，如是者多。既不得撰者之主名，則亦姑從其舊，仍題其所託之
人矣。〔註21〕

由此段引文可知：一、《四庫提要》認為《商君書》並非商鞅所作；二、是書
乃由「法家者流掇鞅餘論以成是編」，吾人當可認為是將《商君書》視為商學
派所作的一項推論。清道光年間，沈欽韓的《漢書補注》亦補充此一看法。
其書載：

按十五徠民篇云：「今三晉不勝秦四世矣。自魏襄以來，野戰不勝，
守城必拔。」又云：「周軍之勝，華軍之勝，秦斬首而東之。」又弱
民篇：「秦師至鄢郢，舉若振槁。唐蔑死於垂沙，莊蹻發於內楚。」
則皆在秦昭王時，非商君本書也。〔註22〕

從黃震、周氏、《四庫提要》及沈欽韓等學者所提出的看法，可知他們的
著眼點都在《商君書》中一些「破綻」，以此證明《商君書》實是一本偽書。
這種觀念在進入民國以後仍十分流行。如胡適先生，他說：

今世所傳《商君書》二十四篇，乃是商君死後的人所假造的書。如
〈徠民〉篇說：『自魏襄以來，三晉之所以亡於秦者，不可勝數也。』
魏襄王死在西曆前296年，商君已死四十二年，如何能知他的諡法
呢？〈徠民〉篇又稱『長平之勝』，此事在前260年，商君已死七十
八年了。書中又屢稱秦王，秦稱王在商君死後十餘年。此皆可證《商
君書》是假書。商君是一個實行的政治家，沒有法理學的書。〔註23〕

稍後的顧實先生也根據〈更法篇〉所稱孝公之諡，〈徠民篇〉提及魏襄王和〈弱
民篇〉載秦師至楚鄢郢等商鞅身亡以後之事證明此書乃「與管子同，亦出傳學
者之手」，〔註24〕這二位的看法實與沈欽韓的意見相同。之後羅根澤、〔註25〕

〔註21〕 見《四庫全書總目提要》，卷101，頁2060。
〔註22〕 見沈欽韓：《漢書補注》，卷三十，藝文志，法家商君條注引。
〔註23〕 胡適《中國古代哲學史》（台北：台灣商務印書館，1958年版）三：《古代哲
學的終局》（頁80）。
〔註24〕 見顧實：《漢書藝文志講疏》（台北：廣文書局，1970年11月初版）、〈諸子略・
法家〉，頁139。
〔註25〕 見羅根澤：《商君書探源》，其言曰：「商君書中言及之事，最後者為長平之戰，
當西元前260年，則必作於260年以後。韓非子已引及此書，則其成書最晚不
能後於韓非。史記秦始皇本紀云：『十四年……韓非使秦，秦用李斯謀，留非，

容肇祖、〔註26〕劉汝霖、〔註27〕黃眉雲〔註28〕等先生皆明示《商君書》絕非商鞅親撰，並對此書的作者做了許多的推論。其中，以熊公哲先生的〈商君書真偽辨〉駁斥的最為徹底：「然今二十六篇者，吾人讀之，乃但覺其為慎子、韓非之書，而不覺其為商君之書。」〔註29〕然而熊先生並沒有對其認為出於「慎子、韓非」之處一一予以解說。

非死雲陽。』始皇十四年當西元前 233 年，然則此書成於西元前 260 至 233 年之間乎？至何人所作，雖無從確考，然必作於秦人或客卿為秦謀者之手。……其成書年代……上距商鞅之死，約百年上下。……既相距百年，則其直接之徒屬已死，自亦不出其直接之徒屬之手，或者作於其間接徒屬，否則贊成商君之說者，採摭其遺言、遺教而加以闡發以成者也」（國立北平圖書館刊第九卷第一號），（北平，1935 年一、二月號），見古史辨，第六冊，頁 304、306。

〔註26〕見容肇祖：《商君書考證》，曰：「更法第一篇，更是商君書依託做成了若干時後所加入的事略。……更法篇語多出於趙策，……國策趙策此條出自秦漢間人所記，約在漢文帝博士作王制之前。如果商君書更法與國策的一段同其來源，則必不能比國策所記為早。……明白地表明定分一篇的時代，莫如這篇內所提出的官制，必為秦亡後以至漢初的時代所有的。……定分一篇，可定為漢初人依託於商君而作成的。……商君書的著作，除首末二篇為後來所加入外，大體約成於秦昭王晚年之時」。

〔註27〕見劉汝霖：《周秦諸子考》，曰：「漢人蒐求遺書，以多為貴，得記載著書人事蹟之資料，往往採入而置篇首，……商君書之首篇更法，亦此力也。徠民篇……內言『今三晉不勝秦四世矣。』又屢稱王稱臣，可知秦昭王時秦臣論政之言，為編商君書者採入。……此篇作於西元前 255 與 251 年之間。弱民篇……末段鈔自荀子議兵篇，可知出於荀子之後。最末定分篇，郡縣、諸侯、天子、天下之吏等語，似秦統一後之記載，『一兔走，百人逐之，非兔也』乃慎子之言。『夫微妙意志之言，上智之所難也。……』乃韓非子之言。皆可證明此篇為秦漢人掇拾法家輿論，偽託商君而作。」轉引自張心澂《前書》，頁 770。

〔註28〕見《古今偽書考補證》，曰：「俞樾以是書並舉年月日時，疑十二時之分始於六國，繼疑始於六國太早，復以平旦雞鳴之屬解之。其實是書既述及長平之役，則離漢興不過六十年，安知非偽託於曆法既密、史記既行之後乎？」轉引自陳啟天：《商鞅評傳》，頁 118。

〔註29〕熊公哲：〈商君書真偽辨〉（台北：國立政治大學學報第九期，1964 年 5 月出版），頁 27～28。又曰：「獨搏力戰之意時一及焉：然亦僅矣；而稽之於時，有如慮後以應之說，學士鷹力之論，抑有萬萬非商君時所有者。論者但知摘其身事孝公而書其諡，又引及魏襄之事，長平之戰，以為此皆遠在其後，因以致疑於其書，不知就其說而求之，其不可通者乃彌多也。且如明貴賤勢，一兔在野之文，若果出商君者，呂覽各家往往摭焉，固不應舍其所祖，而從所述，歸之慎子矣。又所謂勢治者不可以亂，勢亂者不可治云者，韓非難勢，申慎子之說，……則其書之絕不前出於是數子，明矣。……今所傳二十六篇，考其文，出於韓非者十之六七，出於慎子者蓋二三焉。吾意必韓非之徒，非死後，雜取二家之言託諸商君爾，而其說固不類也」。

在眾多學者紛紛對《商君書》真偽的問題採取否定態度的同時，另一種較為持平的聲音則認為既使《商君書》非商鞅親撰，仍可視為秦法家，甚至是服膺商鞅學說的門下弟子所撰寫編輯的，如《四庫提要》中所提：《商君書》「殆法家者流掇鞅餘論以成是編，猶管子卒於桓公之前，而書中屢稱桓公耳」。與《四庫提要》持相同意見的顧實先生亦認為：

> 今商君書當猶漢志法家之舊，而有殘缺。凡子書多非自著，身後有官學師事者或賓客為之掇輯成書，故時代往往不符。商君書徠民、弱民二篇，皆有及商君身後事，讀者分別觀之可耳。周氏之說，殊示足據。〔註30〕

顧實先生不但批評《周氏涉筆》所論有誤，並提出將《商君書》各篇章分別觀之的新切入點。稍後有劉咸祈先生在其《子疏》中承繼這項觀點而稍有發明，其文曰：

> 今觀其書，大抵更法、定分本後人所記；墾令、境內或本鞅條上之文；去彊以下諸篇文勢有異，而語或複冗，必有徒裔所增衍。然其稱臣者，亦或當時敷奏之詞，而後人記之，不得全謂鞅作，亦不得謂全無鞅作也。〔註31〕

這已經開啟將《商君書》各篇分別研究的先端，陳啓天先生有鑑於此，在處理《商君書》時將各篇章時代做分離的研究，不因書內的「破綻」而抹煞全書。他指出：

> 總之，凡認定《商君書》是假書的人，多以一二篇的疑點作證據，而忽視了其他尚未見疑的各篇，致有以偏概全的流弊，未能使人滿意。反之，凡認定《商君書》非假書的人，又多未能加以詳細的分析，舉出有力的證據，足使懷疑的人心服。其實，《商君書》只有大部分可視為真的，還有一部分是假的；不能籠統的說是全真，也不能含渾的說是全假。〔註32〕

很可惜的是，陳氏雖然認為有必要將《商君書》中各篇章抽離分析，但卻仍以《商君書》代表商鞅的思想，這亦是學者探討是書問題時所引起的矛盾。

〔註30〕 見顧實：《重考古今偽書考》，轉引自陳啓天：《商鞅評傳》，頁119。
〔註31〕 見劉咸祈：《子疏》，卷八，轉引自陳啓天：《商鞅評傳》，頁120。
〔註32〕 陳啓天：《商鞅評傳》，第六章第二節，〈商君書的真偽問題〉。（台北：商務印書館，1995年時月台二版第一刷）。

要而言之，學者意識到《商君書》雖由不同人所書，但又將其歸爲商鞅一人的思想，其矛盾處顯而易見。〔註33〕

鄭良樹先生在其《商鞅及其學派》中，首次標明將全書視爲商鞅及服膺其學說的後學者所作，一方面承繼陳氏打破篇章個別研究的發現，一方面避免了「一書作於一人」的錯誤觀念，將是書的眞僞及各篇作成時代提出合理的結論。

第三節　《商君書》各篇淺析

總結上文，《商君書》者，作者署名商鞅，但在歷來學者的考證下，全書只有一、二篇疑爲商鞅（或爲商鞅）所作，故常被人視爲僞書。當然，即使是僞書，只要判定僞書資料的年代、眞僞和內容，小心謹愼的處理，僞書中的資料亦可視爲當時（製作僞書時）的第一手資料。

觀察歷來學者對於此書的態度，據王家仁先生《商君書思想研究》所論，大抵上可分爲三種類型：〔註34〕第一種，將《商君書》視爲僞書，故進而否定《商君書》及商鞅的思想，如胡適、熊公哲先生。〔註35〕第二種，學者將《商君書》視爲完全爲商鞅所作，將《商君書》中的內容，毫無保留地認爲是商鞅的思想。以上兩種的立論皆嫌武斷，王先生以爲「前者仍存有僞書情節，後者則失眞、混淆了原本在《商君書》極不可能出自商鞅手中之篇章」。第三種則略有轉折，即是將商鞅與《商君書》一併研究，「既巧妙地避免了絕對肯定商鞅必爲《商君書》之作者之臆斷，又同時兼及商鞅其人與其思想二方面之探討」。〔註36〕

但《商君書》之篇章，既有疑商鞅自撰者，有徒屬後學追述者，有戰國

〔註33〕如黃紹梅：《商鞅反人文觀研究》中第一章、第二節〈商君書作者考證〉已證明全書由商鞅所作只有十之十二，第三節〈商君書資料的取捨運用〉重申引證《商君書》資料時應有的態度。但在其他章節中，仍繼續用各篇章的觀點證明商鞅的思想，難免讓人無所適從。

〔註34〕王家仁先生，《商君書思想的研究》一文中第一章、第一節〈以往研究成果之探討〉（頁2），見（私立淡江大學中文研究所碩士論文）（1996年6月）。

〔註35〕此見胡適《中國古代哲學史》（台北：台灣商務印書館，1958年版）三：《古代哲學的終局》（頁80），錢穆先生：《先秦諸子繫年·商鞅考》，和郭沫若先生之說，見張心徵先生《僞書通考·子部》法家類。熊功哲先生，〈商君書眞僞辨〉，政大學報第九期。

〔註36〕以上引文同見註34。

法家者流推衍者，大抵應如鄭良樹先生所言爲「商鞅及其學派學生所作」，故對此書的態度，若僅認爲代表商鞅一人的思想而強自爲說，不但於學理不合，亦勢必對書中的言論難以自圓其說。〔註37〕故筆者爲求避免此種錯誤，而將題目訂爲「從《商君書》的法治思想看秦王朝的發展」，一方面希望能對《商君書》的研究達到「正名」的標準，另一方面就書中對兵制、法治等制度措施，與近來新出土史料結合，希望對瞭解戰國末期秦王朝的實況，有更新穎的研究成果出現。

今綜合學者高亨、〔註38〕容肇祖、陳啓天、詹秀惠、〔註39〕賀凌虛、鄭良樹等前賢之研究成果，表次《商君書》之考定如下：

篇　　名	作　　者	成　書　年　代
更法第一	商學後人記述	戰國晚期
墾令第二	疑商鞅自撰	秦孝公初年
農戰第三	法家後學所做	戰國末期
去彊第四	法家後學所做	戰國晚期
說民第五	商鞅後學所作	戰國中葉
算地第六	疑商鞅自撰或其後學所作	秦孝公時至戰國中葉
開塞第七	疑商鞅自撰	秦孝公時
壹言第八	法家後學所作	戰國末期
錯法第九	法家後學所作	戰國後期
戰法第十	商鞅後學所作	戰國中葉
立本第十一	商鞅後學所作	戰國中葉
兵守第十二	商鞅後學所作	戰國中葉
靳令第十三	後人雜湊	西漢初期
修權第十四	疑商鞅自撰或法家後學所作	秦孝公時或戰國中葉
徠民第十五	法家後學所作	秦王政初年
刑約第十六	亡	
賞刑第十七	疑商鞅自撰或鞅死後法家後學所作	秦孝公時或戰國中葉
畫策第十八	法家後學所作	戰國末期

〔註37〕如前述的三種學者，皆有將《商君書》中的言論，解釋爲商鞅思想的傾向。
〔註38〕見高亨：《商君書注譯》〈商君書作者考〉，（北京：中華書局，1974 年版）。
〔註39〕見詹秀惠：〈釋商君書並論其眞僞〉，淡江學報第十二期。

境內第十九	疑商鞅所定法令之殘篇	秦孝公時或戰國中葉
弱民第二十	法家後學所作	秦一統前
□□第二十一	內容篇目俱亡	
外內第二十二	法家後學所作	戰國末期
君臣第二十三	法家後學所作	戰國末期
禁使第二十四	法家後學所作	戰國末期
慎法第二十五	疑縱出商鞅所作亦爲後人拼湊	戰國後期
定分第二十六	後人追述	西漢初期
附六法逸文	疑爲商鞅所作	無法確定

第三章　《商君書》法治思想形成之歷史背景

　　一種偉大思想的產生，必定出現在一個大變動的時代中，而一思想之所以能長能久，又必定是能認清時代大變化的趨勢，緊扣住時代變化的核心，並持續貫徹發展，並以此思想引導整個時代。商鞅，即是能掌握春秋戰國以來時代的脈動的代表，而其後商學派的弟子，承續並拓展了其法治思想在秦國各領域中的地位，進而使秦王朝能主導時代的潮流，奠定大一統的基礎。春秋以降，戰國以來，是中國歷史上變動甚大的時期，學者皆認為是「古今一大變革之會」，〔註1〕在這劇烈動盪的時代，亦是中國文明急速蛻變的契機，楊寬先生認為，戰國時代具有幾項特點：〔註2〕

1. 關鍵性的重大變革和發展時期
2. 連年進行和縱連橫的兼併戰爭時期
3. 從分裂割據趨向統一的時期
4. 百家爭鳴、英才輩出的時期
5. 科學技術上重大創造和發展時期

而上述所說的變革，如何引起商鞅或是商學派欲以法治思想治亂持平？此思想產生的動機背景應先分述說明，才能對《商君書》中法治思想的精神內涵有更進一步的瞭解。所以，在探討商學派的法治思想對先秦歷史文化的影響

〔註1〕 王夫之：《讀通鑑論》（台北：漢京文化事業股份有限公司，1984年7月1日出版）。
〔註2〕 楊寬《戰國史》，目次之「前言」。1997增定版，台灣商務印書館，1998年10月初版5刷。

時，瞭解此一思想產生的背景，是一個勢必要先解決的課題。

第一節　周代政治結構的藍圖

　　封建制度，〔註3〕是周文化一個重要的特質，而宗法制度，則是封建制度中的骨幹。在周公平亂後，訂定了禮樂，並賦予人文的精神，〔註4〕使得「親親尊尊」之禮，不圖具形式儀文的表象，並且成爲周文化的新統，亦是孔子美稱其「郁郁乎文哉！」之因。而封建政治的主體，即是建立在宗法制度的骨幹上。《禮記‧大傳》〔註5〕云：

> 別子爲祖，繼別爲宗。繼禰者爲小宗。有百世不遷之宗，有五世則遷之宗。百世不遷者，別子之後也。宗其繼別子之所自出者，百世不遷之宗也。宗其繼高祖者，五世則遷者也。尊祖故敬宗。敬宗，尊祖之義也。

宗法制度的特色是嫡長子繼承制，〔註6〕並輔以「同姓禁婚」、家長制的政治倫

〔註3〕封建制度，在本文指秦以前的「封建制」，與之後的「郡縣制」相對，但大陸學者解釋有異於此，故不得不先爲説明。近代學者自陶希聖、郭沫若以來，多以社會主義的角度解釋之，稱吾人所稱「封建」爲「奴隸主社會」，「郡縣制」則名爲「封建社會」。實際上，秦統一六國前，中國是各諸侯割據的「封建社會」；統一六國後，是實施郡縣制、中央集權的「封建社會」。本文探究的重點不在此名詞之差異，故記而識之。關於二者的差異，可參考何懷宏：〈「封建社會」概念的由來〉（香港：二十一世紀雙月刊，1995 年 6 月號，總第 29 期，頁 73）

〔註4〕強調人文的精神，是中國自古以來獨特的優點。所謂的「人文」，是指對「人」本身，及「人」所創造出來的文化、歷史等各方面，肯定及尊重其價值，而周公「制禮作樂」，即是把此精神貫串其間，非只圖具形式。有關「人文精神」的觀點，前賢論述已精，故不贅述。可參考高明先生：〈中國的人文精神〉（台灣：師院文萃，第 8 卷）；徐復觀先生：《中國人性論史》第四章（台北：商務印書館，1988 年）；杜松柏先生：〈人本思想的内涵及其價值〉（台北：國魂，第 396 期）

〔註5〕《禮記》（十三經注疏本）卷 34，頁 5～10，（台北：藝文印書館，1979 年 3 月 7 版。），以下皆見此本。

〔註6〕宗法制度應源於周。王國維先生云：「周人制度大異於商者，一曰立子立嫡之制，由是而生宗法及喪服之制。……商之繼統法以弟及爲主，而以子繼輔之，無弟然後傳子。……蓋周時以嫡庶長幼爲貴賤之制，商無有也。故兄弟之中有未立而死者，其祀之也與巳立者同。」見王國維：《觀堂集林》，卷 10 之〈殷周制度論〉（台北：河洛出版社，1975 年版）徐復觀先生亦曰：「西周宗法的起點是嫡長傳子制……但殷代無嫡庶之分，故殷末之父子相傳，並未形成一

理來維持政權的運作。以嫡長子爲宗主，庶子爲宗子（別子），嫡子成爲嗣君以後，別子則分封出去成爲諸侯，宗主和宗子的關係，在政治上是君臣，在倫理上是血親，是血緣與權力相結合的政治結構。而對於異族勢力，則以「聯姻」來同化，其「同姓禁婚」的意義，除了消極地防止「其殖不繁」﹝註7﹞的弊病，更重要的是，藉由姻親的關係，擴張封建的領土，易言之，周人是靠著「血緣」和「姻親」這雙重政策，達到「溥天之下，莫非王土；率土之濱，莫非王臣」、﹝註8﹞「封建親戚，以藩屏周」﹝註9﹞的目的。

這個以血親建立的權力結構，以「禮樂」來調和各階級的衝突，制止紛亂和爭鬥，靠的即是「親親」「尊尊」二義。宗法制度對內而言即是「親親」，宗主和別子之間一定是兄弟叔伯的家庭關係；對外而言則是「尊尊」，由宗法制度中的嫡庶親疏長幼來決定身份的尊卑貴賤，附以「禮樂」之道來維持。《禮記・大傳》又曰：

> 是故人道，親親也。親親故尊祖，尊祖故敬宗，敬宗故收族，收族故宗廟嚴。宗廟嚴故重社稷，重社稷故愛百姓。愛百姓故刑罰中，刑罰中則庶民安。庶民安故財用足，財用足故百志成。百志成故禮俗刑，禮俗刑，然後樂。

西周政權這個嚴密的體系，即是以「親親」爲此宗法制度的骨髓，衍生出禮讓仁愛的道德要求，並將其形式化、具體化，以便各階級的人來共同遵守。換言之，「禮」，是由宗法制度中各階層的關係制定出來的，用來聯繫維持大宗、小宗，各個由血統所連貫的組成份子的行爲，使其能「經國家，定社稷，序民人，利後嗣」，﹝註10﹞而這種制度，在春秋時達於成熟，亦於此時盛極而衰。﹝註11﹞以下以《禮記・大傳》所載，參造各家說法，﹝註12﹞將周代統治

個客觀制度。因之，假使殷代也有宗法，與周代宗法制度是不會相同的。」見徐先生《兩漢思想史》（台北：學生書局，1990年版），卷1，頁14。

﹝註7﹞《禮記・大傳》云：「繫之以姓而弗別，綴之以食而弗珠，雖百世而昏姻不通者，周道然也。」

﹝註8﹞《詩經・小雅・北山》（四部叢刊正編《詩經》，卷13，頁6。台北：商務印書館，1979年11月台1版。）

﹝註9﹞見〔晉〕杜預注，〔唐〕孔穎達疏：十三經注疏《左傳正義》卷15，頁114。（台北：廣文書局，1972年8月再版。）

﹝註10﹞《左傳》隱公十一年，卷4，頁36，見同註9。

﹝註11﹞如余英時先生言：「春秋時代一方面是禮樂傳統發展到最成熟的階段，另一方面則盛極而衰發生了『禮崩樂壞』現象。」見其著《史學與傳統》頁39。（台北：時報文化出版社，1988年版）

結構繪圖於下，以清眉目：

周代政治結構圖

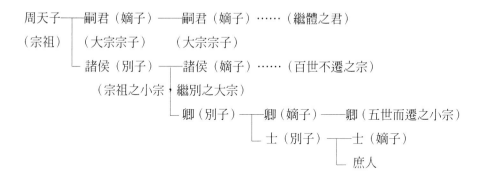

上述的宗法制度，極可能是在封建制度完全成熟後所勾勒出來的，這種幾近完全的設計，若說是在實行之初就已完備，似乎無法讓人信服。但由於史料的缺乏，使我們只有在使用此一資料時，應先設想當時封建實行的情形，謹慎的考慮實際的狀況，才不會爲錯誤的資料所迷惑。

第二節　西周封建實行的情況

封建制可以理解成以同心圓的方式拱衛周人的統治－以周王室爲圓心，層層的諸侯保護在外。其在西周實行的實際情況，必須先描繪一番，好與後世的變化作比較。

首先，西周開疆拓土的成果，領土仍然很小，據〔宋〕洪邁《容齋隨筆》所言：

> 成周之世，中國之地峽；以今地理考之，吳、越、楚、蜀、閩皆爲
> 蠻；淮南爲群舒，秦爲戎；河北眞定中山之境乃鮮於肥鼓國；河南
> 之境有赤狄、甲氏、留吁、鐸辰、路國；洛陽爲王城，而有揚拒、

〔註12〕此圖已有多位學者繪成、引用，如梁啓超先生曾據《禮記》所載而繪宗法圖，高桂惠〈孔子所說「郁郁呼文哉！吾從周」談周代學術文化之根－宗法制度〉（台北：孔孟月刊，第 18 卷，第 2 期）、黃紹梅先生《韓非尊君學說與兩漢政經形勢》第二章、第一節、頁 81，（私立東吳大學中國文學研究所博士論文，1998 年 10 月）曾引用，筆者亦參考朱心怡之圖：《秦法家思想之發展研究》（國立中山大學中國文學研究所碩士論文，1998 年 6 月。）

泉皋、蠻氏、陸渾、伊洛之戎；京東有萊、牟、介、莒，皆夷也；
杞都雍丘，今卞之屬邑，亦用夷禮；邾近於魯亦曰夷。其中國者，
獨晉、衛、齊、魯、宋、鄭、陳、許而已，通不過數十州，蓋於天
下特五分之一耳。

封建制度的使用，與周初周人困苦開國的環境有莫大的關係。在牧野一戰後，武王只取得了商王都一帶的控制權，廣漠的東土還籠罩在「殷餘民」或東夷的勢力範圍，經過周、召二公的征伐後，周人才悄悄站穩腳步，在這前題下，「溥天之下，莫非王土，率土之濱，莫非王臣。」〔註13〕這一句話已經經不起考驗。事實上，周天子只是名義上周人統治區域的共主，周王實際上直接統治的土地有限；而「王畿」，就是周王室直接統治的領地，也與周王室的力量息息相關。

西周時代的王畿是以西都宗周為中心和以東都成周為中心的兩個相連的行政區域。宗周鎬京是武王所定。《詩・大雅・文王有聲》載：「文王受命，有此武功，既伐於崇，作邑於豐。……考卜維王，宅是鎬京，維龜主之，武王成之。」大體敘述文王遷豐邑，武王宅鎬京的情形。而成周洛邑則因武王崩阻，由周、召二公實現。《史記・周本紀》說：「成王在豐，使召公復營洛邑，如武王意，周公復卜申視，卒營築，居九鼎焉。」在成周洛邑完成後，周人遂有東西二都，〔註14〕「王畿」，即是連接這兩個行政中心的廣大區域。

以「王畿」〔註15〕的字面分析，《說文・田部》曰：「畿，天子千里地，以逮近言之則言畿。」段玉裁注：「謂畿最近天子，故稱畿……畿之言垠也，故亦作圻。」《尚書大傳》云：「圻者，天子之境也。」《周禮・夏官・職方氏》：「方千里曰王畿」。《詩・商頌・玄鳥》：「邦畿千里」，則王畿的範圍「畿方千里」應無疑義。〔註16〕照《五經合纂大成》卷六中引彭氏注《禮記・王制篇》

〔註13〕見《詩經・小雅・北山》
〔註14〕《詩譜・王城譜》孔疏云：「周以鎬京為東都，故謂王城為西都」。
〔註15〕王畿又稱「天子之縣」。《禮記・王制》：「天子之縣內方百里之國九。」又：「皆有湯沐之邑於天子之縣內。」「縣內」《穀梁傳》隱公元年及定公四年皆作「寰內」，《經典釋文》曰：「寰內，圻內也……寰音縣，古獻字。」王畿又稱甸或甸服，故王畿內又稱甸內。《國語・周語上》：「先王之至，邦內甸服」。韋昭注云：「邦內、為天子畿內千里之地也。」《帝王世紀》云：「天子畿方千里曰甸服。」《禮記・王制》曰：「千里之內曰甸。」以上皆是在古文中找到對「王畿」的解釋。
〔註16〕又如《孟子・告子下》云：「天子之地方千里，不千里不足以待諸侯。」《左傳》襄公二十五年：「昔天子之地一圻。」杜預注：「方千里也。」《周禮・地

所言：「方千里者，橫千里，直千里，共一百萬里也」。則「畿方千里」應解釋為邊長一千公里的正方形面積，即一百萬平方公里。

其中，由《詩譜‧秦譜》中稱秦「橫有周西都宗周畿內八百里地。」及《詩譜‧王城譜》載：「王城者，周東都王城畿內方六百里之地。」可知，宗周王畿約方八百里，成周王畿約方六百里。《詩譜》所云，當然是大約之數，而現實的地理環境所呈獻的地貌應該是東西稍長，南北稍短。《漢書‧地理志》載：「初，洛邑與宗周通封畿，東西長而南北短，短長相覆為千里」，〔註17〕所謂「截長補短」，正可以解釋古人在「畿方千里」這一課題的含意。〔註18〕

根據大陸學者吳承洛先生的考定，周尺約等於現代 0.5973 市尺，或約等於 19‧19 釐米。呂文郁先生據此論斷，以為周里略小於現代市里，而西周時代王畿總面積略等於或小於現在山東、江蘇兩省面積的總和。〔註19〕

據此，西周王畿之大略應可勾勒出來，「約略言之，西都王畿以宗周為中心，南抵漢水之陽，西達甘肅天水一帶。北鄰玁狁，東與成周王畿相接。全部渭水流域、涇水流域、西洛水下游以及漢水以北地區都在王畿之內。大約包括現在陝西省渭南、商洛、漢中、咸陽、寶雞等幾個地區及甘肅省東部幾個縣。」東都王畿以成周洛邑為中心，「東起嵩山，西至華山，南達荊山，北抵太行山南麓」。〔註20〕

其次，周初諸侯的數目很多，從古籍中可找到許多證據來佐證，如《呂氏春秋‧觀世》篇：「周之所封四百餘，服國八百餘……。」、《史記‧陳杞世家》說：「周武王時，侯伯尚千餘人。」、《史記‧漢興以來諸侯年表敘》說：

官‧大司徒》載：「乃建王國焉，制其畿方千里。」《漢書‧刑法志》云：「同十為封，封十為畿，畿方千里。」又說：「天子畿方千里，提封百萬井。」關於王畿的大小，古籍記載比較一致，皆云畿方千里。

〔註17〕 顏師古注：「宗周，鎬京也，方八百里，八八六十四，為方百里者六十四也。洛邑，成周也，方六百里，六六三十六，為方百里者三十六，都得方百里者百，方千里也。故《詩》云：『邦畿千里』」。

〔註18〕 清人崔述對此有十分精闢的見解，見《崔東壁遺書》、《王政三大典考、三代經界通考》，他說：「古之所謂千里百里，皆絕長補短而計之，非必四面八方截然不可增於其間也。……闢如今世算田者，東長於西必損東以益西，南闊於北則減南以加北，皆並兩長兩闊而折半算之，田不盡方而算自方，是以謂之方田。」（上海：古籍出版社，1983 年版頁 521。）

〔註19〕 見吳承洛：《中國度量衡史》，上海：商務印書館 1967 年（修訂本），及呂文郁：《周代采邑制度研究》（第一章〈西周采邑概說〉，頁 15）

〔註20〕 見呂文郁：《周代采邑制度》頁 18。

「武王、成、康所封數百，而同姓五十五。」、《漢書・諸侯王表敘》說：「昔周監於二代，三聖制法，立爵五等，封國八百，同姓五十有餘」等。

　　其餘如《禮記・王制》、《尚書大傳》並云周初諸侯有「千七百七十三國」，而《漢書》中的〈賈山傳〉及《後漢書》中的〈阜陵王延傳〉又都說周初封爵「千有八百」。諸家之說不同，但周初封國在一千之數應該可信。

　　值得注意的是，這些封國領土都很小，《史記・十二諸侯年表敘》：「齊、晉、秦、楚，其在成周微甚，封或百里，或五十里。」、《孟子・萬章下》云：「天子之制，地方千里，公侯皆方百里，伯七十里，子、男五十里，凡四等。」、《左傳》襄公二十五年，鄭子產對晉人說：「……昔天子之地一圻，列國一同，自是以衰。」杜預注「一同」云：「方百里。」《禮記・王制》篇說法與《孟子・萬章下》略同：「天子之田方千里，公侯田百里，伯七十里，子、男五十里。不能五十里者不合於天子，附於諸侯，曰附庸。」《東觀漢記》說：「古帝王封諸侯，不過百里。」《周易・震》曰：「震驚百里，不喪匕鬯。」《象傳》曰：「出可以守宗廟社稷，以爲祭主也。」這些記載較爲可信，符合周初分封的實況。〔註21〕

　　與之相較下，春秋戰國以降，卻有一些不實言論產生，這些說法應該是以春秋、戰國當時各國的疆域來比附，如《晏子春秋・內雜》下說：「昔吾先君太公受之營丘，爲地五百里。」《禮記・明堂位》說：「周公封曲阜，地方七百里。」《周禮・地官・大司徒》說：「諸公之地，封疆方五百里……諸侯之地，封疆方四百里……諸伯之地，封疆方三百里……諸子之地，封疆方二百里……諸男之地，封疆方百里。」《太平御覽》卷八十四引《帝王世紀》說：「王以周公有勳勞於天下，故加魯以四等之上，兼二十四附庸，地方七百里，革車千乘。」這些資料雖然是錯誤的，但在考據春秋戰國以來的列國疆域上，卻絕對必須要參考詳查。

　　另外，據趙世超先生所言：「周滅商，並分封其弟子甥舅於各處，容易給人造成一種周初曾將大片土地整塊整塊加以區劃的印象。事實上，受封者所佔據的只是商及其他被征服方國、部族所居的大邑，封國與宗周及各封國之間遠未連成一片。」〔註22〕這表示在西周時期的社會，除了「國」、「都」等

〔註21〕清人王夫之《讀通鑑論》評論說：「三代之國，幅員之狹，直今之縣耳。仕者不出百里之中，名爲卿大夫，實則今鄉里之豪族而已！」
〔註22〕見趙世超：《周代國野關係研究》，（台北：文津出版社，1993年10月初版），

少數先進的中心，仍有廣大的地區未被周人所填滿，周人所佔據的只是一個一個的「點」，而不是「一整塊」面積完整的地域，「封地百里」等只可視為周人勢力可及的行政區，周人的勢力像是星羅棋布的棋子，根本尚未出現如後世國與國之間疆域相鄰的情況。

當時，周人以小邦「割殷」、「大降四國民命」，所面臨的首要問題便是地廣人稀，且勢孤力單。據童書業先生：《春秋左傳研究》推算，「周邦人口不能過十萬，彼時全『中國』人口，掃數計之恐亦不過一、二百萬而已。」此時的封建制讓周王室所分封出去的諸侯，像一個個爭奪領土的前哨站，羅列拱衛周王室，為周人的生存做出最大的貢獻。所以，周王室分封的諸侯越多，周人的地位越能鞏固，這當是周人實行封建制的精神所在，與之後分封行動告一段落後封建制的發展不可同日而語。

第三節　封建制度崩壞

周人政治結構，透過宗法制度的運作，將「血緣」與「權力」結合起來成為國家的型態；〔註23〕以「血緣」為基本，將「權力」層層架構，鞏固周天子在金字塔頂端的地位。這一制度，在西周初年周人勢力、人口皆處於克難草創時期獲得極大的成果，《左傳・僖公二十四年》載：

> 周公弔二叔之不咸，故封建親戚以蕃屏周，管、蔡、郕、霍、魯、
> 衛、毛、聃、郜、雍、曹、滕、畢、原、酆、郇，文之昭也。邢、
> 晉、應、韓，武之穆也。凡、蔣、邢、茅、胙、祭，周公之胤也。

這些新興的國家（當然不可能於同時間完成）建國過程十分難苦，或者應稱為「武裝殖民」較為恰當，周人靠「宗法」和「武力」，廓清殷商殘餘勢力，所以諸藩國勢必要有武力來鎮壓反對周王室的勢力，並以「宗法」制度維持政權和諧的運作。但值得注意的是，當封建告一段落之後，周人勢力盛極而衰，宗法制度漸漸無法發揮以眾藩國鞏衛周王室的作用，原因即在於周王室本身無力實行大家長的權利與義務，並維持宗法制度確實的運行。

事實上，周室東遷之後，宗周王畿雖已非昔日可比，然成周王畿，卻大

頁5。

〔註23〕這一政治型態在秦一統天下後，雖有所改變（如由封建改為郡縣等），但以後近二千年「家天下」的狀態，皆可由殷商及周人政治制度中初見端倪。然研究此制度變化的論題並非本文的重點。

抵保持了西周之初的格局。清儒顧棟高說：「東遷後，王畿疆域，尚有今河南、懷慶二府之地，兼得汝州，跨河南北，有虢國桃林之隘，以呼吸西京，有申、呂南陽之地，以控扼南服。又名山大澤不以封，虎牢、崤函，俱在王略，襟山帶河，晉、鄭夾輔，光武創業之規模，不是過也。」〔註 24〕陳槃先生說的更具體：「王城洛邑，畿內方六百里。從今河南嵩縣，直接陝西華陰縣，皆其封域。換言之，東遷後之王畿所屆，尚有今河南之洛陽、偃師、宜陽、鐵門、鞏、孟津、登封、嵩、洛寧、沁陽、濟源、修武、武陟、孟、溫、博浪十六縣；兼得魯山、輔城、伊陽之地，跨黃河南北……」〔註 25〕這樣廣大的區域，若周王室奮發圖強，仍是大有可為的，但卻因一連串內鬥削弱了王室對王畿的控制力，讓其他諸侯蠶食鯨吞周王室力量的根本－土地。

在講求「天子建國，諸侯立家，卿置側室，大夫有貳宗，士有隸子弟，庶人工商，各有分親，皆有等衰」〔註 26〕的禮治社會之下，「禮樂爭伐」自天子出，不但要排解紛爭、維持秩序，更重要的是，他必須確保自己的地位與力量是否在權力金字塔的頂端，亦即是《史記·周本紀》中所云：「刑不祭，伐不祀，征不享，讓不貢，告不王……。」而這些威權，在周厲王時代首次遇到挑戰，此時是周天子力量開始消退的明證，〔註 27〕而後宣王中興，雖取回天子的威權，但由於南北爭討，耗損國力甚大，不得不「料民」〔註 28〕於太原，這顯示王室權力的後盾：天子的武力，已不如從前。

換言之，維持周王室政權的支柱－「國力」與「宗法」制度－中，「國力」逐漸潰散，並且是隨著周天子自己破壞「宗法」制度而衰弱的。首先，在嫡長子制中，周宣王對魯國嗣立的態度已破壞宗法制度，〔註 29〕而後周幽王更因滅嫡用孽，導致王畿失守，平王東遷。〔註 30〕隨著王權實力大幅衰弱，各個有實力的藩國皆蠢蠢欲動，追求天下間「盟主」的地位，《史記·周本紀》

〔註 24〕顧棟高：《春秋大事表卷四、春秋列國疆域表》
〔註 25〕石璋如等著：《中國歷史地理》，台灣中國文化大學出版部，1983 年印行，第 62 頁。
〔註 26〕《左傳》桓公二年，卷 5，頁 43。
〔註 27〕周厲王窮兵黷武，絕生民之路，是孟子所謂的「獨夫」，但若由權力結構而言，此時期的確為周天子地位動搖的開端。
〔註 28〕《國語·周語上》，頁 24。
〔註 29〕《國語·周語上》：「魯武公以括與戲見王，王立戲，樊仲山父諫曰……王卒立之。」
〔註 30〕此段史實見《史記·周本紀》，頁 79～80。

有言：「平王之時，周室衰微，諸侯強併弱，齊楚秦晉始大，正由方伯。」所謂的「親親」的禮樂之道，至此已遭到嚴重的破壞，更重要的是，在東遷後，周王室不僅不能力圖中興，反而又因王位嗣立的問題接連發生內亂，如莊王與其弟王子克，惠王與其叔王子頹，襄王與其弟王子帶，景王愛子王子朝與悼王（王子猛）、敬王（王子匄）之爭，〔註31〕接連的內亂不但對原本疲弱的國政是雪上加霜，並且在骨肉相殘的權力鬥爭中，「宗法」的精神漸漸地逍逝，注定了周王室敗亡的命運。

　　另一方面，由於周天子威權消退，代表的是「宗法」中家長制的政治倫理遭到挑戰，周天子再也不能擔任國際間仲裁者的角色，所謂的「五霸」紛紛興起，提出「尊王攘夷」的大纛，將天子視為「名分」上的代表，「尊尊」之義亦岌岌可危。《左傳・僖公二八年》載：「（襄）王命尹氏及王子虎，內使叔興父，策命晉侯（晉文公）為侯伯，賜之大輅之服，戎輅之服，彤弓一，彤矢百；旅弓矢千，秬鬯一卣，虎賁三百人。曰：『王謂叔父，敬服王命，以綏四國，糾逖王慝。』」此段文字明顯證實此時周王室已無力維持國際秩序，天子和諸侯地位與角色逐漸模糊對調，天子（襄王）尚且要諸侯（晉文公）為他「綏四國，糾逖慝」，無怪乎同年「城濮之戰」後，天子被諸侯召會，還得讓孔夫子以「天王狩於河陽」來美化這次行動，至此，周天子可說是名存實亡了。

　　至於「同姓禁婚」的美意，雖仍有鞏固政治利益，採取世族聯姻來擴充勢力的表現，如衛莊公取齊莊姜，晉文公納齊、秦之女〔註32〕等，但仍有大悖禮儀的行為，如齊襄公兄妹私通，衛宣公娶庶母為妻，晉獻公亦娶庶母齊姜，晉文公（重耳）納秦穆公之女，但穆公夫人為重耳同父異母之姐〔註33〕等，都使得「宗法」更加紊亂與不堪，加速「禮樂」制度的失敗。

　　簡言之，周人封建的精神存在於宗法制度，以「親親」、「尊尊」二義區別上下，維持政權的運作，實現「禮樂之道」的人文精神。爾後宗法陵夷、封建解體，其主要之因即在於周天子王權的不彰，無法維續「宗法」制度的運行，禮樂爭伐才自諸侯出，但值得探討的是，宗法制度的潰敗實際上有他必然的因素，天子王權的旁落應可視為不得不然的結果。柳宗元曾言封建不

〔註31〕以上是分見《左傳》桓公十八年、莊公十九年、僖公十二年、昭公二十二年。
〔註32〕事見《左傳》隱公三年、僖公二十三年。
〔註33〕齊襄公事見《左傳》桓公十八年，衛宣公事見桓公十六年，晉獻公、晉文公事分見莊公二八年、僖公二三年。

得不廢之因如下：

> 周有天下，列土地而瓜分之，設五等邦，群后步履星羅，四周於天
> 下，輪運而輻湊。合爲朝覲會同，離爲守臣捍城。然後降於夷王，
> 害禮傷尊，下堂而迎覲者。歷於宣王，挾中興復古之德，雄南征北
> 伐之威，卒不能定魯侯之嗣。陵夷迄於幽厲，王室東徙，而自列爲
> 諸侯。厥後問鼎之輕重者有之，射中王肩者有之，伐凡柏、誅萇弘
> 者有之。天下乖戾，無君君之心。余以爲周之喪久矣，徒建空名於
> 諸侯之上耳，得非諸侯之盛彊，末大不掉之咎歟？遂判而爲十二，
> 合爲七國，威分於陪臣之邦國，殄於後封之秦，則周之敗端，其在
> 乎此矣。……失在於制，不在於政，周事然也。〔註34〕

柳宗元認爲周朝之失在於行「封建制」，管東貴先生對此提出不同的看法，他認爲：對於「封建制」的成效，應與當時的社會環境合而觀之才不致有所偏頗。周制行封建，行之近千年，證明在周初行封建時，因社會各條件能與之配合，所以成功；而漢初視秦之所亡行封建，亦因社會各條件已不適合「封建制」的實行，所以開朝幾世之後就發生七國之亂而告失敗，兩者的差別證明社會條件的差異正是決定「封建制」能否實行的關鍵。〔註35〕

其次，「宗法」制度，以「血緣」加諸於「權力」之上，前者是「自然」的關係，後者則是「人爲」的設計，更重要的是，此自然形成的關係與人爲設計的國家體制之間沒有強而有力的制約力量，宗法中宗主與宗子雖有「血緣」關係，但卻也不能保證將此關係與「政治權力」相結合後能造著計畫運作，兩者之間的結合在設計之初已投下許多的變數，從史實驗證得知，面對能腐化人心的「絕對權力」之前，「親親尊尊」的精神極容易遭到破壞，而當破壞了封建制度的骨幹時，周代政治結構的敗亡，亦是由緩慢趨向激烈的時代趨勢了。

第四節　秦文化之特點

在商鞅或商學派主導秦國政治的同時，他們除了正視當時封建制度的大變動外，秦人特有的文化或國情應也有納入考量。《史記・商君列傳》載商鞅

〔註34〕 見柳宗元：《柳柳州文集・封建論》
〔註35〕 管東貴：〈從李斯延議看周代封建制的解體〉，中央研究院歷史語言研究所集刊，第六四本，第三份，頁639，1983年12月。

對趙良自述其對秦之功時說:「始秦戎、翟之敎,父子無別,同室而居,今我更制其敎,而爲其男女之別,大築冀闕如魯衛矣。」這段資料顯示出秦文化本與低俗的戎翟無別,以及商鞅施政時曾檢視過當時秦國的各項條件。而秦文化中的特點,更關係到商學派在施政時所需考量的現實因素,故需提出討論,以定本論文之方向。

一、關於秦人概說

由於年代的久遠、史料的缺乏,關於秦人的來源長期處於模糊的階段;此可由秦史中的年代問題可窺知一二。秦人歷史能確定年代的只有二處,秦侯以前無準確紀年,秦侯以後紀年也不甚準確。可以確定的年代分別是:一、秦立國在襄公八年,即周平王東遷的西元前 770 年;二、秦統一中國在始皇二十六年,即公元前 221 年。故在溯源秦人的來源時,僅能就有限的資料加以描繪,試述如下:

在《史記·秦本紀》中有關秦人起源的記載,處於神話與現實之間,可信度不高。

> 秦之先,帝顓頊之苗裔。孫曰女脩,女脩織,玄鳥隕卵,女脩吞
> 之,生子大業。大業取少典之子曰女華。女華生大費,與禹平水
> 土。〔註36〕

像「女脩」吞「玄鳥卵而生子」的神話故事情節,在中國古書上還有不少類似的記載,〔註37〕這是反應古代氏族曾經有過母系社會階段的遺跡。秦人從母系社會再往上溯源,因年代的久遠而不可考,只留下「吞卵生子」的神話

〔註36〕 以下資料備載:「已成,帝賜玄圭,禹拜受曰:非予能成,亦大費爲輔。帝舜曰:咨爾費,贊禹功,其賜爾皂遊,爾後嗣將大出。乃妻之姚姓之玉女,大費拜受。佐舜調馴鳥獸,鳥獸多馴服,視爲伯翳,舜賜姓嬴氏。大費生子二人,一曰大廉,實鳥俗氏。二曰若木,實費氏,其玄孫曰費昌。子孫或在中國,或在夷狄。費昌當夏桀之時,去夏歸商,爲湯御,以敗桀於鳴條。大廉玄孫曰孟戲、中衍,鳥身人言,帝太戊聞而卜之使御,吉,遂致使御而妻之。自太戊以下,中衍之後,遂世有功,以佐殷國,故嬴姓多顯,遂爲諸侯」。

〔註37〕 類似的記載如「燧人之氏,大跡山雷澤,華胥履之,生宓儀。」(見《太平御覽》七十八引《詩·含神霧》)、顓頊母見搖光之星生顓頊 (見《今本竹書紀年》、《山海經》等引)、帝嚳母不覺而生帝嚳 (《帝王世紀》)、女節接大星而生朱陽 (《帝系》) 等等。因人的祖先契,亦是其母簡狄吞玄鳥卵而生 (見《史記·殷本紀》、《詩經·商頌·長發》);周人的祖先棄,其母姜源「踐巨人跡」而懷孕的 (《史記·周本紀》)。

故事了。從資料顯示，「女脩生大業」後，女性的名字不再出現於歷史上，標誌著秦人由母系社會、過渡到父系社會的階段。此階段確切的年代無從得知，但若將秦人與殷、周先人的傳說相比，彼此間的內容似乎很相似。〔註38〕

秦在西周時地處西陲，實際上秦人先祖來自東方。這可由秦人與殷商的關係密切中可看出。殷商民族起於東方，此論點已為學者所接受，〔註39〕而秦人與殷人彼此間的共同點，亦可間接證明秦人源自東方的氏族。

第一、從祖先的起源與信仰活動而言：

《史記・殷本紀》載：「殷契母曰簡狄……見玄鳥墮其卵，簡狄取吞之，因孕生契。」與秦人先祖女脩吞玄鳥卵而生大業的故事相彷彿，顯示出二者先祖曾有過相同的「圖騰崇拜」，也就是「燕」。

《呂氏春秋・仲春紀》高誘注：「玄鳥，燕也。」殷人以「燕」為圖騰，與祖先一起膜拜，與「燕」相連的事物通常皆表示崇敬。如殷人稱其先祖「契」為玄王，《國語・魯語》載：「自玄王以及主癸莫若湯。」《荀子・成相》：「契玄王，生昭明，居於砥石，遷於商。」另外，在占卜的甲骨文中，「吉燕」、「貞惠燕」、「貞惠吉燕」等，將「燕」與「貞」、「惠」等具有美好意義的字連接，足以看出「燕」對殷人的重要性。

此外，燕鳴聲「嗌嗌」，「嗌」、「益」及「乙」古字通，說文云：「乙乙，玄鳥也，齊魯之間為之乙乙，取其名自呼。」而秦人的先祖「伯益」，亦與玄鳥也有關係。而殷、秦二者所同拜的「句芒」大神，亦是由崇拜玄鳥所轉化而來的。〔註40〕「句芒」乃古代東方大神，《墨子・明鬼》篇曾提到秦穆公夢到「句芒」神的保佑可證，秦人同殷人一樣，對「玄鳥」有共同的信仰。

至於秦人宗族始終自稱姓「嬴氏」，也與「玄鳥」的圖騰崇拜有關，原來「燕、嬴，實為同類雙聲」，〔註41〕「嬴」姓即是「燕」姓，這種以崇拜的圖騰名稱做為氏族的姓，亦可證明崇拜「玄鳥」是秦人先祖的特質之一。

〔註38〕林劍鳴先生曾就《史記》之〈五帝本紀〉、〈夏本紀〉、〈殷本紀〉、〈周本紀〉和〈秦本紀〉中有關世系的記載作一番考察，表示：這一段記載有許多矛盾，但對於秦的祖先同夏、商、周人的祖先在游牧母系社會過渡到父系社會的相對時間，大致是相近的。見其著《秦史》，頁20。

〔註39〕參見范文瀾：《中國通史簡編，頁107》、及郭沫若主編：《中國史稿》第一冊，頁155。

〔註40〕見丁山：《中國古代宗教與神話考》，頁48。

〔註41〕見劉節：〈釋嬴〉，《國立中山大學文學院研究集刊》，第一冊。

第二、殷人與秦人先祖皆以游牧、狩獵為生

殷人原就以游獵為生，遷徙活動的頻繁，王國維先生認為自契至湯共十四代八遷，即：「由亳居藩一遷；藩遷砥石二遷；砥石遷商三遷；商遷泰山之下，復又遷商四遷、五遷；商遷殷六遷；殷又遷商七遷；商遷亳八遷。」〔註42〕殷人游牧民族的特性表露無疑。

秦人先祖亦顯示出以狩獵為主的游牧民族生活形態。從《史記・秦本紀》中可知，「大費」佐舜調馴鳥獸，「伯益」也是調馴鳥獸的好手，其他有關秦人先祖的事蹟，多與畜牧、狩獵有關，如「惡來有力，蜚廉善走」（《史記・秦本紀》），費昌、孟戲、中衍等皆以能「御」聞名，獵人的形象皆十分鮮明。直至周世，秦人還是保有游牧民族的精神，如秦之「非子」為周孝王養馬，「好馬及畜，善養息之」，而更重要的一段記載，更是直接證明秦人本是游牧民族。《史記・秦本紀》載：

> 三年，文公以兵七百人東獵。四年，至汧渭之會。曰：昔周邑我秦嬴於此，後卒獲為諸侯。乃卜居之，占曰吉，即營邑之。

前文提及秦立國在秦襄公八年，及西元前 770 年，襄公在位十二年，秦文公三年，應為西元前 762 年。這段資料顯示，秦在「立國」後，國君一次就率領七百兵卒游獵，時間長達一年，「更可異者，竟在游獵中由原居甘肅東部，移至汧渭之會（今陝西眉縣）『及營邑之』。」〔註43〕秦人這種狩獵、游牧的特性，已表露無遺。

據此二點，秦人與殷人之祖先，應是出自相同或相關的部落，而殷人既是源於大陸的東方，那麼秦人的先祖也應該是源自於我國的東方。若是如此，為何到周時秦人僻在西垂？此點亦與殷人、秦人的關係密切有關。《史記・秦本紀》載：

> 費昌當夏桀之時，去夏歸商，為湯御，以敗桀於鳴條。大廉玄孫曰孟戲、中衍，鳥身人言，帝太戊聞而卜之使御，吉，遂致使御而妻之。自太戊以下，中衍之後，遂世有功，以佐殷國，故嬴姓多顯，遂為諸侯。

由此段資料顯示，在夏期末年時，秦人考量到與殷人的部族關係較近而「去夏歸商」，「為湯御」；所謂的「御」，郭沫若先生指陳，「御」即是「馭」，屬

〔註42〕見王國維：《觀堂集林》，卷 12。
〔註43〕見林劍鳴：《秦史》，頁 27。

於奴隸階層中最高的一級，統馭著其他的奴隸爲奴隸主效命。〔註44〕之後並「敗桀於鳴條」，爲商人取代夏朝的力量之一，故殷人對秦人亦表示親近之意，「孟戲、中衍」以奴隸的身份爲「太戊」「御」，並「使御而妻之」，至此之後，秦人因「遂世有功，以佐殷國」，「故嬴姓多顯，遂爲諸侯」。這是秦人在歷史上的第一步發展。

當時間推演到西周初年時，在商、周的戰爭中，秦人無疑地站在殷商王朝這邊。由《史記・秦本紀》中可得知，秦人爲殷商王朝服務的例子不勝枚舉，中衍的玄孫中潏率領一部份秦人「在西戎，保西垂」，中潏之子「蜚廉有力」、之孫「惡來善走」，「父子俱以材力事殷紂」。故當周初三叔同商紂子武庚發動叛亂時，秦人祖先亦加入叛亂的行列。《逸周書・作雒解》載：「三叔及殷東徐奄及熊盈以畔。」「徐」、「奄」及「盈」〔註45〕都是秦人，叛亂失敗後，周人將秦人先祖由原居地遷往各地，一部份遷往黃淮流域，〔註46〕而「原來在殷商西陲的一部份秦人祖先，因西周佔據了殷人的統治區域，已被趕向更西的西周邊陲。這時，又有被從東方遷來的部分嬴姓氏族，兩部分加在一起，就成爲最大的一股嬴姓氏族……這些人就是秦人的直接祖先」。〔註47〕

二、商學派眼中秦人文化中的特點：宗法制度的不健全

就秦國的社會風俗而言，後人多評論爲「功利主義」盛行，關於這方面的記載史不絕書。但考之史冊，查其意義，其民俗之所以「趨利忘義」，多與秦人和戎、狄長期雜處的印象有關。《戰國策・魏第三》：「秦與戎、翟同俗，有虎狼之心，貪戾好利而無信，不識禮義德行。苟有利焉，不顧親戚兄弟，若禽獸耳。此天下之所同知也，非所施厚積德也。」《管子・水地篇》以地理環境來說明秦人習俗：「秦之水泔最而稽，淤滯而雜，故其民貪戾罔而好事齊。」《荀子・性惡篇》亦曰：「天非私齊魯之民而外秦人也，然而於父子之義，夫

〔註44〕郭沫若指出：從《大盂鼎》銘文「人鬲自馭至於庶人六百又五十又九夫」可知，「馭」是屬於「人鬲」的一種，「人鬲」在商周時期的身份是奴隸。因此「馭」的身份也是奴隸。見其著：《奴隸制時代》，頁92。

〔註45〕「徐」、「奄」皆是嬴姓，見《左傳》昭公元年：「周有徐奄。」杜注：「二國皆嬴姓。」而「盈」、「嬴」二字相通。

〔註46〕如春秋時期的徐國（《左傳》莊公二十六年）、穀國（《左傳》桓公七年）、黃國（《左傳》桓公八年）、江國（《左傳》僖公二年）、葛國（《左傳》桓公十五年）、梁國（《左傳》桓公九年）。

〔註47〕見林劍鳴：《秦史》，頁36。

婦之別，不如齊魯之孝具敬文者，何也？以秦人之從情性，安恣睢，慢於禮義故也。」《史記·商君列傳》載：「始秦戎翟之教，父子無別，同室而居，今我更制其教，而爲之男女之別。」與「戎、狄」雜處是秦人給予東方各國的刻板印象，但難免落入「是其所是，非其所非」的偏見中；換言之，在商學派眼中，這種近於純樸的民風，反有助於務實政策的施展。〔註48〕

考察秦國歷來的傳統，筆者認爲只有一項可供或可值得商學派注意，那就是缺乏嚴密的宗法制度。

前文提及，周代宗法制度的作用在於分封的諸侯越多，周人的地位越鞏固。而秦人以類似游牧民族的狀態立國，而且是在西周後期周天子地位漸漸不穩的狀況下興起，雖說宗法制度是當時政治上採用的唯一行政方式，但秦國在使用此一制度上似乎實行的並不十分徹底，這種現象反映在兩方面。

首先，就國君的繼位問題而言：

秦人國君繼位常不依宗法制，「如莊公卒，長男士父（嫡長子）不立，而讓其弟襄公；武公卒，立其弟德公；宣公有子九人，均不立，確立其弟成公；成公卒，子七人均未立，立其弟穆公；出子則以憲公之孫而被立爲國君。總計自襄公建國以後，至穆公以前，共九代國君：襄公、文公、憲公、出子、武公、德公、宣公、成公、穆公。其中兄終弟繼爲三人（德公、成公、穆公），以次子立者一人（襄公），而以孫立者二人（憲公、出子），不明嫡庶者一人（文公）。以長子身份繼位者僅二人，即武公（係憲公長子）、宣公（係德公長子）。就是到了穆公以後，秦國的君位繼承也無定制。如躁公卒，立其弟懷公；靈公卒，子獻公不得立，隨後由簡公、惠公、出子繼位，最後才立獻公。直至戰國末期，秦始皇的父親莊襄王也是以一個不受寵的夏姬所生的庶子，繼承乃父之王位的」。〔註49〕

其次，則是關於用人的原則：

《國語·晉語四》中載錄了晉文公施政的方針說：

舉善援能，官方定物，正名育類。昭舊族，愛親戚，明賢良，尊貴

〔註48〕在後人評論的秦文化特點中，有批評其社會風氣的，有比較其與山東六國的文化水準等，筆者認爲這些主張與商鞅或商學派宏觀秦國的現實環境，以作爲施政的參考實無多大幫助，但在施行商學派的法治主張後，秦人風俗有無變化是本論文的重點之一，將留至第五章討論之。

〔註49〕林劍鳴：〈從秦人價值觀看秦文化的特點〉，台北：《歷史研究》，1987年，第三期，頁72。

寵，賞功勞，事耆老，禮賓旅，友故舊。胥、籍、狐、箕、欒、卻、
柏、先、羊舌、董、韓、寔掌近官。諸姬之良，掌其中官。異姓之
能，掌其遠官。公食貢，大夫食邑，士食田，庶人食力，工商食官，
皁隸食職，官宰食加。政平民阜，財用不匱。

在宗法制度宰治的國家中，「世卿世祿制」是維持天子或諸侯統治的憑
藉，尊卑有等，親疏有別。換言之，此種制度容易抹煞階層較低出身的人才，
統治權、行政權始終在同一或血緣較近的家族間交替，一旦面臨社會上有巨
大的改變時，這種政權往往位於改變潮流中的末端而不自知。

秦至孝公之前，尚為當時諸侯所輕，〔註 50〕又長期處於戎、狄之間，較
具憂患意識，且因無嚴格的宗法制所限，故在用人方面政策較靈活。其中以
秦穆公的用人政策為秦國奠立良好的典範，〔註 51〕並增強秦國國勢。《史記‧
秦本紀》云：

> 昔我穆公，自岐雍之間，修德行武，東平晉亂，以河為界；西霸戎
> 翟，廣地千里。天子致伯，諸侯畢賀，為後世開業，甚光美。

張潤棠先生在〈論秦穆公的人才思想〉文中引《洪北山先生全集》的文
字說：「秦穆公任人唯賢，開秦國『好用異國異姓人』之先河。他的用人政策
和對人才問題的見解，在中國人才思想留下閃光的一頁。」並認為：一、「求
公孫支于晉」，是秦穆公對人才認識的萌芽；二、「東得百里奚于宛」、「迎蹇
叔於宋」，標誌者秦穆公招納客卿的人才政策正式形成；三、「〈秦誓〉的發表，
顯示秦穆公人才思想的成熟。……秦穆公在近四十年的「為政」實踐中，順
應社會政治發展的趨勢，再用人政策進行開創性的探索的實踐，在中國人才
思想史上應有其不可磨滅的重要性。〔註 52〕

故在秦穆公後，秦人延續此用人為才的傳統，據馬非百先生統計，秦自
武王二年立樗里疾為右丞相開始，至秦二世立趙高為中丞相為止，共有丞相
二十二人，其中可考為秦人者，只有樗里疾一人，由此可見列國之士在秦所

〔註 50〕 《史記‧秦本紀》載：「孝公元年，河山以東，彊國六與。齊威、楚宣、魏惠、
燕悼、韓哀、趙成侯並列，淮泗之間，小國十餘。楚魏與秦接界，魏築長城，
自鄭濱洛，以北有上郡。楚自漢中，南有巴、黔中。周室微，諸侯力政，爭
相併。秦僻在雍州，不得與中國諸侯之會盟，夷翟遇之」。

〔註 51〕 《史記‧李斯列傳》說：「昔穆公求士，西取由余於戎，東得百里奚於宛，迎
蹇叔於宋，求丕豹、公孫技於晉。」

〔註 52〕 張潤棠：《周秦研究專號》〈論秦穆公的人才思想〉，台北：《文博雙月刊》，1993
年，第六期，頁 69。

受的重視。〔註53〕

　　縱上所述，商學派在面臨施政或提出法治思想的理論時，面對當時國際
局勢、社會環境的變化，周代宗法制度是他們所遭遇到的最大考量點。當然，
宗法制絕無法符合這些法治學者的需求，故破壞宗法制便成為商學派刻意或
不刻意中的行為結果，亦是商學派法治思想所面臨的歷史背景了。

〔註53〕　其曰：「秦自武王置丞相開始，到秦朝滅亡為止，共有丞相二十二人：其中右
　　　　　丞相十二人，左丞相九人，不知為左相或右相的一人。右丞相十二人中，除
　　　　　樗里疾為秦惠王異母弟外，甘茂、魏冉皆楚人，薛文齊人，樓緩趙人，范雎
　　　　　楚人，蔡澤燕人，呂不韋濮陽人，亦為魏人。壽燭、杜倉、隗狀、馮去疾未
　　　　　詳。但壽燭暨客卿，自非秦產甚明。左丞相九人中，則屈蓋、向壽、芈戎、
　　　　　昌平君、李斯皆楚人。金受、徐詵、王綰未詳。池子華亦為魏人。此乃李斯
　　　　　所謂「此四君－指穆公、孝公、惠王、昭王－者，皆以客之功」(《史記・李
　　　　　斯列傳》) 的傳統「求士」政策之繼承與發展，非偶然矣。有時秦國丞相，還
　　　　　可以由外國推薦或左右之，如「楚王問范蹻，曰：寡人欲置相於秦，孰可？……
　　　　　於是使使請相向壽於秦，秦卒相向壽，而甘茂竟不得復入秦。」(《史記・甘
　　　　　茂列傳》) 又「趙人樓緩來相秦，趙不利，乃使仇液之秦，請以魏冉為相。……
　　　　　而秦果免樓緩而魏冉相秦。(《史記・穰侯列傳》)《戰國策・趙策三》亦有「趙
　　　　　使机郝之秦，請相魏冉」語，皆其證也。」見馬非百：《秦集史》(台北：弘
　　　　　文館出版社，1986 年 10 月初版)，頁 858。

第四章 《商君書》中法治思想之探討

自商鞅車裂後，商鞅的思想仍在秦王朝裡發展、茁壯，並主導整個秦朝政治的動向。《韓非子·定法篇》云：

> 及孝公商君死，惠王即位，秦法未敗也，而張儀以秦殉韓、魏。惠王死，武王即位，甘茂以秦殉周。武王死，昭襄王即位，穰侯越韓、魏而東攻齊，五年，而秦不益一尺之地，乃成其陶邑之封。應侯攻韓，八年，成其汝南之封。自是以來，諸用秦者，皆應、穰之類也。

由上可知，商鞅之後的主政者所代表的是秦王朝在政治進展上的退步，並沒有能超越商鞅所規畫的政治藍圖。此外，既然執政者提不出任何卓越的政策，商學派的思想便漸漸在秦國裡生根，[註1]並隨著時代的演進在政治上提出各種適應環境潮流的新主張，使的「秦」仍可朝統一六國的腳步邁進。

以商鞅而言，他所重視的「強國之術」是其思想中的綱領，在其後商學派學說的發展，大抵亦是接受此一基本精神而繼續展開。值得注意的是，在他們「富國強兵」的大纛下，各種分門別類的學說看似各自延伸，卻具有一強烈凝聚力的核心，使的紛綸夾雜的各項學說有所依歸。[註2]

換言之，無論商學派在商鞅之後如何變動修正商鞅的各項學說，其基本的精神是不變的。他們認為只要能達到「富國強兵」的終極目標，所有的策

〔註1〕 韓非曾經說過：「今境內之民皆言治，藏管、商之法者，家有之。」見《韓非子·五蠹篇》可見商學派的思想，已深入秦王朝每一角落了。

〔註2〕 如鄭良樹先生曾言：「從《商君書》商鞅親著的作品中，就可以讀到似此『目標要固執，手段要靈活』的言論。……無可置疑的，商鞅擁有法家這股『共色』，而商鞅的實際行動也曾深深地影響了商學派以及秦國往後的政治。」見《商鞅及其學派》，後編、《第三章 結論》。

略是可以改動的；而這些策略仍可能不堪歷史檢視，這是由於商學派學說本身的侷限所致。檢視其學說的侷限，必須將其學說的內容配合當時環境加以查察，故研討《商君書》中的法治思想，將有助於瞭解整個商學派在秦王朝政經形勢的發展所扮演的角色為何，本章將先對商學派的法治思想作一分析，以之成為最後評斷的基礎。

第一節　商學派的法治理論和基礎

商學派在討論治國的根本時，對國家政治應該任賢還是任法有過一番爭論。〈畫策篇〉說：

> 國或重治，或重亂。明主在上，所舉必賢，則法可在賢。法可在賢，則法在下，不肖不敢為非，是謂重治。不明主在上，所舉必不肖，國無明法，不肖者敢為非，是謂重亂。

根據此段資料，可知在商學派中認為舉賢而治的主張並不是沒有，但並不受重視；因為全書除了這段資料外，沒有任何進一步的發展，卻對法治的效用多做討論。〈慎法篇〉說：

> 凡世莫不以其所以亂者治，故小治而小亂，大治而大亂，人主莫能世治其民，世無不亂之國。
>
> 奚謂以其所以亂者治？夫舉賢能，世之所治也，而治之所以亂。世之所謂賢者，言正也。所以為善正也，黨也。聽其言也，則以為能；問其黨，則以為然，故貴之不待其有功，誅之不待其有罪也。此其勢正使污吏有資而成其姦險，小人有資而施其巧詐。

商學派認為國家之所以亂，是因為崇尚以賢人治國，而不知所謂的「賢者」是小人互相吹捧而來的；而真正的賢者難求，又不可保證以賢治國真能國強主安，在種種不確定因素下，商學派認為任法而不任賢是治國的唯一抉擇。〈慎法篇〉又曰：

> 固有明主忠臣產於今世，而能領其國者，不可須臾忘於法。破勝黨任，節去言談，任法而治矣。使吏非法無以守，則雖巧不得為姦。使民非戰無以效其能，則雖險不得為詐。夫以法相治，以數相舉者，不能相益，訾言者不能相損。……臣故曰：法任而國治矣。

所以，以商學派而言，從商鞅主政開始，商學派便維持著以法治國的主張，

並不單只考量到商學派的傳統，而是眞正對法治的主張有著堅定不移的信念，以下即分述商學派法治的理論和基礎。

一、法律的基礎在於進步的歷史觀

在商鞅變法的年代，封建制度崩毀、禮治不興，像儒、道、墨三家那樣「復古改制或托古改制」〔註3〕的方式已經無任何實質上的效力而淪爲空談。與之比較，商鞅及其後的商學派則能體會到了時代的趨勢，在〈更法篇〉中記錄的言談，恰好分別代表了「復古改制或托古改制」派與商學派「現實改革」者激烈的對立。其曰：

> 三代不同禮而王，五霸不同法而霸。故知者作法，而愚者制焉；賢者更禮，而不肖者拘焉。拘禮之人不足以言事，治法之人不足與論變。

甘龍、杜摯二大夫正代表著商學派眼中「因循苟且」的愚者。對商學派而言，歷史是前進不反的，只有適應時代的潮流或進而引領時代，才不爲歷史所棄。〈更法篇〉又曰：

> 前世不同教，何古之法？帝王不相復，何禮之循？伏羲、神農，教而不誅；黃帝、堯、舜，誅而不怒；及至文、武，各當時而立法，因事而制禮。禮、法以時而定，制、令各順其宜，兵甲、器備各便其用。臣故曰：治世不一道，便國不必法古。

商鞅以「托古、復古」者常引用的先聖先王，證明勢與時易，大有入其室，操其戈以伐之的旨趣，並證明「治世不一道，便國不必法古」。所以陳啓天先生認爲「商鞅重法的主張之所以能大影響於當時和後世的原因，在其能適應時代的實際要求而堅決的實行變法，成了當時革新的政治家之代表人物」。〔註4〕

雖然商鞅高舉法治的大旗，但他並沒有對法律本身多做解釋，在其後的商學派，除了繼承其法治的精神外，並開始著手對法律理論上的根據加以說明。〈開塞篇〉云：

> 天地設而民生之。當此之時也，民知其母而不知其父，其道親親而愛私。親親則別，愛私則險，民眾而以別、險爲務，則民亂。當此

〔註3〕 賀凌虛先生曾論及儒、道、墨三家皆相信上古優良的歷史可以回復，故對春秋以來現實狀況的反應採取的是復古改制或托古改制的方法。詳見〈商君書及其基本思想析論〉，《商君書今註今譯》頁232。

〔註4〕 陳啓天《商鞅評傳》，〈第二章商鞅的法治主義及其學說，頁27〉（台灣商務印書館，1967年5月臺一版一刷。）

時也，民務勝而力爭。務勝則爭，力爭則訟，訟而無正，則莫得其
性也。故賢者立中正，設無私，而民說仁。當此時也，親親廢，上
賢立矣。凡仁者以愛利為務，而賢者以相出為道。民眾而無制，久
而相出為道，則有亂。故聖人承之，作為土地、貨財、男女之分。
分定而無制，不可，故立禁；禁立而莫之司，不可，故立官；官設
而莫之一，不可，故立君。既立君，則上賢廢而貴貴立矣。然則上
世親親而愛私，中世上賢而說仁，下世貴貴而尊官。上賢者，以道
相出也，而立君者，使賢無用也；親親者，以私為道也，而中正者，
使私無行也。此三者，非事相反也，民道弊而所重易也，世事變而
行道異也。

根據引文得知：「上世親親而愛私；中世上賢而悅仁；下世貴貴而尊官。」這
三世說或有可議之處，〔註5〕但若著眼點在於「治世不一道，便國不必法古」
的立場而言，商學派對於「此三者，非事相反也，民道弊而所重易也，世事
變而行道異」的看法卻始終一致。〔註6〕

　　進而言之，商學派以此為法律的根源找到了立論的根據，也就是正如〈開
塞篇〉所云：「古之民樸以厚，今之民巧以偽。故效於古者，先德而治；效於
今者，前刑而後法。」因為人心不古，民情大變，為了順應巧偽並作的時勢，
不得不以法治代替德治，故可得知商學派為法治理論找到的依據是「惡的人
性觀」，進而「物化人性」成為法治思想理論的基礎，主張以完全的法律制度
來治理國家，並利用此人性觀來推行法治，誠如黃紹梅所言：「商鞅所言的人

〔註5〕 關於《開塞篇》三世說遞變的情況，引起學者討論的興趣，贊成其說者如馮
友蘭、羅根澤二位推論春秋以前是親親之世，春秋以後至戰國中期是上賢之
世，戰國末期是貴貴之世。二文見馮友蘭《中國哲學史、韓非及其他法家》，
頁387；羅根澤〈晚周諸子反古考〉《古史辨》，第六冊，頁29。持異論者如
賀凌虛先生則認為除了第一世與西方古典派社會演化論者所得出的結論一樣
外，其餘與史實不符。見〈商君書及其基本思想析論〉，同註3。而王曉波先
生認為下世是指即將來臨的時代，〈開塞篇〉的作者認為自己仍身處「上賢而
說仁」的末期。見其《先秦法家思想史論》，頁163。
〔註6〕 與之相發明的〈畫策篇〉亦曾提到歷史變化的軌跡可供參考，其文曰：「昔者
昊英之世，以伐木殺獸，人民少而木獸多。黃帝之世，不麛不卵，官無供備
之民，死不得用槨。事不同，皆王者，時異也。神農之世，男耕而食，婦織
而衣，刑政不用而治，甲兵不起而王。神農既沒，以強勝弱，以眾暴寡。故
黃帝作為君臣上下之義，父子兄弟之禮，夫婦匹配之合，內行刀鋸，外用甲
兵，故時變也」。

性本質，具有濃厚的動物性，並未進入德行層次審視人性的表現。他純然從經驗立場觀察人性，並非欲作價值判斷，而是利用自立之人性，以達到富國強兵目的。」〔註7〕

綜而言之，商學派認為法治思想立論的基礎在於人性的缺點，也正在於利用人性的缺點而能達到法律的效用、天下大治的理想。〈畫策篇〉云：

> 仁者能仁於人，而不能使人仁；義者能愛於人，而不能使人愛。是
> 以知仁義之不足以治天下也。聖人有必信之性，又有使天下不得不
> 信之法。所謂義者，為人臣忠，為人子孝，少長有禮，男女有別。
> 非其義也，餓不苟食，死不苟生。此乃有法之常也。聖王者不貴義
> 而貴法，法必名，令必行，則已矣。

只有法律能讓人即使不擁有聖人的德行也能行仁由義，光靠仁義而想治國必定招致失敗，因為那只是道德上的標準，沒有任何約束的效力，但是，法律能利用人性趨利避害的特點來壓迫讓人有禮、有信、有仁、有義。這即是法律的效能。〈慎法篇〉云：

> 故有明主忠臣產於今世，而能領其國者，不可須臾忘於法。
> 使吏非法無以守，則雖巧不得為姦；使民非戰無以效其能，則雖險
> 不得為詐。

由於商學派注重時代變遷與治國方針的關係，法律的效用雖能強國富民，但其本身的內容必須是因時制宜的，這可視為其進步的歷史觀的發揮。故〈壹言篇〉云：

> 今世主皆欲治民，而助之以亂；非樂以為亂也，安於故而不闚於時
> 也。是上法古而得其塞，下循今而不時移，而不明世俗之變，不察
> 治民之情，……。
> 故聖人之為國也，不法古，不修今，因世而為之治，度俗而為之法。
> 故法不察民之情而立之，則不成；治宜於時而行之，則不干。

法律必須「明世俗之變，察治民之情」，對時代環境的變化相對地做出回應；若法律條文本身已經僵化，對其修改、並恢復合理而有時代性的要求，才能符合商學派傳統的「治世不一道，便國不必法古」的理論。鄭良樹先生也認為：「所謂『變法』、『制令各順其宜』，其真正的含意是經常隨著時代的不同而變更治國的方法，不管這方法是法律、制度，乃至於其他工具。在法家處

〔註7〕 參見黃紹梅：《商鞅反人文觀研究》，（第三章，第二節，頁119。）

處強調以法律治國的當兒，商學派似此言論和主張，不啻是當頭棒喝，而且簡直是權威者的木鐸」。〔註8〕

二、「明」法以為「教」，是法治的方法

法律既然必須是「因世而為之治，度俗而為之法」（〈壹言篇〉），那麼法律本身應具備哪些條件，才能發揮因時制宜的功效呢？〈定分篇〉說：「法令者，民之命也，為治之本也，所以備民也。為治而去法令，猶欲無飢而去食也，欲無寒而去衣也，欲東而西行也，其不幾亦明矣。」法律是治國的根本，就必須讓全體人民共同遵守，使得官吏用法無私，人民守法不犯，而所依靠的方法便是如韓非所說的：「憲令著於官府，刑罰必於民心」（《韓非子·定法篇》）。在《史記·商君列傳》中曾載商鞅頒行新法前的一段插曲：

> 令既具未布，恐民之不信己，乃立三丈之木於國都市南門募民：有
> 能徙置北門者與十金。民怪之，莫敢徙。復曰：能徙者與五十金。
> 有一人徙之，輒與五十金，以明不欺。

由於商鞅所將頒行的法令多與秦國舊有的習俗不同，並且皆具有「重刑」的效力，故特地藉著「徙木立信」的方式表達「明法」及「賞罰必信」的主張，而這也是法家所共同擁有的特點。〔註9〕

「賞罰必信」是法律的效力，掌握在主政者的手中（留待下文），但若人民不明瞭法律條文，必將引起民怨且無實質上的助益，故商學派認為讓人民明白法律的內容，進而使人民接受法的教育，是實行法治的第一要務。故〈定分篇〉說：

> 故聖人立，天下無刑死者，非不刑殺也，行法令，明白易知，為置
> 法官吏為之師，以道之知，萬民皆知所避就，避禍就福，而皆以自
> 治也。故明主因治而終治之，故天下大治也。

〔註8〕 見鄭良樹：《商鞅及其學派》，後編，第二章〈分論〉，頁298。
〔註9〕 「明法」是先秦法家共有的特色之一，例如「徙木立信」的方法，先於商鞅的吳起亦曾做過相似的事，《呂氏春秋·慎小篇》載：「吳起治西河欲諭其信於民，夜日置表於南門之外，另於邑中曰：『明日有人僨南門之外表者仕長大夫。』明日日晏矣，莫有僨表者。民相謂曰：『此必不信。』有一人曰：『試往僨表，不得賞而已，何傷！』往僨表，來謁吳起，吳起自見而出仕之長大夫。夜日又復立表，又令於邑中如前，邑內守門爭表，表加植，不得所賞。自是之後，民信吳起之賞罰。」在《韓非子·內儲上》也有相同的記載。

法律清楚明白，又有官員爲師爲之講解，使人民「知所避就」，自然能達成天下「無刑」的目的。所以，在商學派的治國主張中，法律的教育備受重視。〈定分篇〉說：

> 今先聖人爲書而傳之後世，必師受之，乃知所謂之名；不師受之，而人以其心意議之，至死不能知其名與其意。故聖人必爲法令置官也，置吏也，爲天下師，所以定名分也。名分定，則大詐貞信，巨盜愿愨，而各自治也。

法律教育的可貴在於使人民能不因時空、認知程度等差異，而缺乏對法律條文的知識，因爲主掌律法的官吏，有責任使人民對法令的內容及意義充分瞭解。故對執掌法令的官員，國家必定要有一份完整培育和組織的計畫。〈定分篇〉說：

> 爲法令置官吏，樸足以知法令之謂者，以爲天下正，則奏天子。天子則各主法令之，皆降受命，發官。

> 天子置三法官，殿中置一法官，御史置一法官及吏，丞相置一法官。諸侯郡縣各置一法官及吏，皆此秦一法官。郡縣諸侯一受寶來之法令，學問并所謂。吏民知法令者，皆問法官。

國君擁有派任國內各法律官員的權力，而在國君執政的大殿上、丞相及御史衙門裡皆必須設置一大法官以供諮詢。

這三位大法官取得國君的任用後，又成爲國家各級法律官吏之師，而這些由中央派遣出去的法官，便是指導民眾認知法律內容，人民及其他官吏必須以中央派遣出來的法官爲師，而法官有義務向人民及其他官吏解釋法律的內容及意義。〈定分篇〉曰：

> 諸官吏及民，有問法令之所謂也於主法令之吏，皆各以其故所欲問之法令明告知。各爲尺六寸之符，明書年、月、日、時，所問法令之名，以告吏民。主法令之吏不告，及之罪，而法令之所謂也，皆以吏民之所問法令之罪，各罪主法令之吏。即以左券予吏之問法令者，主法令之吏，僅藏其右券木柙，以室藏之，封以法令之長印。即後有物故，以券書從事。

法官必須將人民及其他官吏問的問題，清清楚楚地解釋在「六寸之符」上，然後將符片左半交與他們，右半則蓋上自己的官印，鎖入禁室，日後若有糾紛，則可憑符片懲處有關人員。既然人民可清楚地知道法令的內容，那官吏

想舞弊營私的機會就無從發生了。〈定分篇〉曰：

> 故天下之吏民無不知法者。吏明知民知法令也，故吏不敢以非法遇
> 民，民不敢犯法以干法官也。遇民不修法，則問法官。法官即以法
> 令之罪告之。民即以法官之言正告之吏。吏知其如此，故吏不敢以
> 非法遇民，民又不敢犯法。如此，天下之吏民雖有賢良辯慧，不能
> 開一言以枉法；雖有千金，不能用一銖。故知詐賢能者皆作而爲善，
> 皆務自治奉公。民愚則易治也，此所生於法明白易知而必行。

據此可知，商學派認爲「明法爲教」不但可讓人民不得犯法，也可讓官吏不敢徇私舞弊來侵犯國家及民眾的利益。

就因法律的重要性不可抹滅，也使商學派認爲應妥善收藏法律的條文，以防被增減或刪改。〈定分篇〉載：

> 法令皆副置一副。天子之殿中爲法令爲禁室，有鋌鑰爲禁而以封之，
> 內藏法令。一副禁室中，封以禁印。有擅發禁室印，及入禁室視禁
> 法令，及禁剟一字以上，罪皆死不赦。一歲受法令以禁令。

法令嚴藏於天子禁室之中，且每年公布一次，以定法條的正確性，而當人民和其他官吏遇到問題時，可向中央派遣地方的法官做詳細的詢問，人民與官吏知法畏法而不敢犯法，這即是商學派主張「明法爲教」的最高效益。

第二節　尊君學說的提倡

法家是君權的捍衛者，如愼到說：「禮從俗，政從上，使從君。國有貴賤之禮，無賢不肖之禮。」（《藝文類聚》卷三八注引《愼子》）申不害說：「明君如身，臣如手。……君操其柄，臣事其常。」（《群書治要》卷三六引《申子、大體篇》）皆是站在維護君權的立場，「尊君」理論的提出可說是法家的特色之一，而商學派的「尊君」說更是下開韓非集法家大成學說之先諸，〔註10〕並成爲其法治學說的重點。

春秋戰國之時，封建衰退而君主專制漸興，商學派所主張的君權便是「權斷於君則威」（〈修權篇〉）的尊君體制。〈君臣篇〉云：

〔註10〕《韓非子》一書集法家之大成，對君尊臣卑的關係於其理論已成熟嚴密。熊
　　　　十力先生曾言：「通觀韓非書，對君主制度無半言攻難。對君權，不唯無限制，
　　　　且尊其權，極於無上。而以法數兩大物，爲人主得操之。人主持無上之權，
　　　　操法數以統御天下，將使天下之眾，如豕羊然」。《韓非子評論》，頁4至5。

> 古者未有君臣上下之時，民亂而不治。是以聖人列貴賤，制爵位，
> 立名號，以別君臣上下之義。地廣、民眾、萬物多，故分五官而守
> 之。民眾而姦邪生，故立法制，爲度量以禁之。是故有君臣之義、
> 五官之分、法制之禁，不可不愼。

〈開塞篇〉又說：

> 夫利天下之民者，莫大於治；而治莫康於君；立君之道，莫廣於勝
> 法。

故本文就《商君書》中有關君權的議題加以討論來檢視其重要性。

一、權勢與法術是君權的保障

由於時代與時推進，君權的提倡是維持中央集權制度所不得不然的趨勢。面對國內與君主有血親關係的貴族時，如何使君權立於權力的核心，保障國家法令的統一，是君主必須持有權勢與法術的原因。〈修權篇〉云：

> 國之所以治者三：一曰法，二曰信，三曰權。法者，君臣之所共操
> 也；信者，君臣之所共立也；權者，君之所獨制也。

誠如陳啓天先生所說：「此所謂『權』，即立法和行法的最高權。君主沒有立法的最高權，法令便無由確定；沒有行法的最高權，法令便無由實行。法令即不能確定，又不能實行，便無從立威。」〔註11〕唯有如此，國君才能成爲政權輻輳的中心，在政治上成爲權力的源頭。

所以，「權」的含意，指的便是國君應該擁有行賞和刑罰的權威。〈算地篇〉云：

> 名、利之所輳，則民道之。主操名利之柄，而能致功名者，數也。
> 聖人審權以操柄，審數以使民。

國君操賞罰二柄以御臣屬萬民；而賞罰二柄其實就是爲確保國君權勢所制訂的法律。〈壹言篇〉云：

> 夫民之不治者，君道卑也；法之不明者，君長亂也。故明君不道卑，
> 不長亂也。秉權而立，垂法而治，以得姦於上而官無不，賞罰斷而
> 器用有度。若此，則國制明而民力竭，上爵尊而倫徒舉。

〈修權篇〉又曰：

〔註11〕見陳啓天：《商鞅評傳》，第二章〈商鞅的法治主義及其學說〉，頁47。

> 人主失守則危，君臣釋法任私必亂。故立法明分，而不以私害法，
> 則治。權制斷於君，則威。民信其賞，則事功成；信其刑，則奸無
> 端。唯明主愛權、重信，而不以私害法。故上多惠言而不克其賞，
> 則下不用；數加嚴令而不致其刑，則民傲死。
>
> 是故先王知自議譽私之不可任也，故立法明分，中程者賞之，毀公
> 者誅之。賞誅之法，不失其議，故民不爭。授官予爵，不以其勞，
> 則忠臣不進；行賞賦祿，不稱其功，則戰士不用。

國君既是法律所保障的最高權力者，也是捍衛法律的終極防線。法之於國君，
如同江海之於巨魚。法律雖善，但若國君「以私害法」則危；水可親，但魚
攪引污泥則殆。因為二者相依相存，而法待國君持之以明，所以商學派在論
述中多警告國君治國任法時必不可徇私，〈畫策篇〉云：「得天下者，先自得
者也；能勝強敵者，先自勝者也。」〈錯法篇〉也說：「夫錯法而民無邪者，
法明而民利之也。」國君唯有「自勝」私意，才能法明而民無邪，「權勢」之
柄自然操之在手。但若國君不明慎法與自身權勢的關係，導致法治不明，將
會有嚴重的後果。〈君臣篇〉云：

> 處君位而令不行，則危；五官分而無常，則亂；法制設而私善行，
> 則民不畏刑。君尊則令行，官修則有事，法制明則民畏刑。法制不
> 明，而求民之行令也，不可得也。民不從令，而求君之尊也，雖堯、
> 舜之知，不能以治。

所以，商學派認為賢明的君主必須認清權勢與自身的關係全在於是否能
慎法而治。〈君臣篇〉說：

> 故明主慎法制，言不中法者，不聽也；行不中法者，不高也；事不
> 中法者，不為也。言中法，則辯之；行中法，則高之；事中法，則
> 為之。故國治而地廣，兵強而主尊，此治之至也。人君者，不可不
> 察也。

國君只接受合於法律的言論；國君只讚揚合於法律的行為；國君只推崇合於
法律的事情。國家一切的一切必須在法律的規範下由國君來監督執行政令；
只有如此國家才能地廣、兵強、主尊。〈畫策篇〉云：

> 凡人主德行非出人也，知非出人也，勇力非過人也。然民雖有聖知，
> 弗敢我謀，勇力弗敢我殺，雖眾不敢勝其主。雖民至億萬之數，懸
> 重賞而民不敢爭，行罰而民不敢怒者，法也。

　　然而，此時值得考慮的是，在「國君必須慎法」的大標題下，商學派有無解決實際執行時的方法呢？對此，商學派認爲國君手中掌握的方法應是權勢和法術。〈禁使篇〉說：

> 凡知道者，勢、數也。故先王不恃其強，而恃其勢；不恃其信，而恃其數。今飛蓬欲飄風而行千里，乘風之勢也；探淵者之千仞之深，縣繩之數也。

> 得勢之至，不參官而潔，陳數而物富。今恃多官眾吏，官立丞、監，夫置丞立監者，且以禁人之爲利也。而丞、監亦欲爲利，則何以相禁？故恃丞、監而治者，僅存之治也。通數者不然也。別其勢，難其道，故曰：其勢難匿者，雖跖不爲非焉。故先王貴勢。

國君藉由君主的權勢，傳遞和下達政令給政府各個部門的官員，並藉由法術的運作，監察及控制整個帝國的官員。這是因爲商學派認爲國君與臣屬的利益是互相衝突的。雖不是說「諸用秦者，皆應、穰之類也」（〈韓非子、定法篇〉）的壞份子，但因爲國君與官吏雖皆爲治理國家的管理階層，立場卻不相同，〈禁使篇〉說：

> 吏雖眾，同體一也。夫事同體一者，相監不可。且夫利異而害不同者，先王所以爲保也。故至治，夫妻、交友不能相爲棄惡蓋非，而不害於親，民人不能相爲隱。上與吏也，事合而利異者也。今夫驥、虞以相監，不可，事合而利異者也。若使馬焉能言，則驥、虞無所逃其惡矣，利異也。利合而惡同者，父不能以問子，君不能以問臣。吏之與吏，利合而惡同也。夫事合而利異者，先王之所以爲端也。

　　商學派認爲政府各級官吏的位階雖有不同，但對利益的追求卻是一致的，他們絕對和國君想要至治的立場互相衝突。若以爲設置監察機關即可防弊，這是因循苟且的君主才會做的事。眞正完美的政治必須讓國君憑藉著權勢和法術控制整個政府組織，讓它有如臂使指般的容易。

　　歸納商學派對國君與權術的思想得知，既使國君不能如堯如舜，只要國君能慎法度、滅私欲，憑藉著君主至高無上的權勢與查察英明的法術，自然能國強主尊、天下大治；對此，商學派形容道：

> 所謂明者，無所不見，則群臣不敢爲姦，百姓不敢爲非。是以人主處匡床之上，聽絲竹之聲，而天下治。所謂明者，使眾不得不爲：
> 所謂強者，天下勝；天下勝，是故合力，是以勇強不敢爲暴，聖知

不敢爲詐而虛用。（〈畫策篇〉）

國君手握權、術，身處方床之上，耳聽絲樂之聲，而天下智慧出眾、勇力過人的英雄豪傑爭相想爲國君效命，何愁天下不治？這便是商學派「尊君」思想的最高境界。

二、國君必須善執賞罰二柄

法律代表的是「賞賜」和「處罰」，是治國的根本、手段和方法。所以，國君必須將法律緊緊地握在手中，亦即前文一直強調的：國君必須手執「賞罰二柄」。

〈禁使篇〉說：「人主之所以禁使者，賞罰也。賞隨功，罰隨罪。故論功查罪，不可不審也。夫賞高罰下，而上無必知，其道與無道同也。」國君統御臣下，完全依賴賞賜和刑罰；審慎地使用「賞罰二柄」，是確保國君地位的不二法門，而國君只能在「農戰」上使用「刑賞二柄」。〈修權篇〉曰：

> 是故先王知自議譽私之不可任也，故立法明分，中程者賞之，毀公
> 者誅之。賞誅之法，不失其議，故民不爭。授官予爵，不以其勞，
> 則忠臣不進；行賞賦祿，不稱其功，則戰士不用。

如此，「法律」、「國君」、與「農戰至上」的強國之術就緊密地串連在一起：國君藉著「行法」與「立法」的最高權，將廣大的人民歸之於「農戰」政策之下；由法律所成功實行的「農戰」政策，將反過來保障國君至高無上的地位。而「賞罰」的內容直接關係到政策的成功與否，因此，商學派對「賞罰」的內涵常多做討論，試分述如下。

（一）刑　罰

商學派雖對「賞賜」的程度看法分歧，但對「刑罰」的認知始終一致，皆認爲「重刑」，甚至是重其輕罪者，才是治國的良方。〈去彊篇〉說：

> 故行刑重其輕者，輕者不生，則重者無從至矣，此謂治之於其治也。
> 行刑，重其重者，輕其輕者，輕者不止，則重者無從止矣，此謂治
> 之於其亂也。故重輕，則刑去事成，國強；重重而輕輕，則刑至而
> 事生，國削。

〈去彊篇〉這段文字可視爲商學派重刑的理論基礎，在《商君書》中，有關於重刑的主張更是不勝枚舉。基本上，他們認爲「亂世用重典」，不但要「重

其重者」，也要「重其輕者」，而這種理論的基礎來自於商學派的歷史觀。〈畫策篇〉說：

> 昔者昊英之世，以伐木殺獸，人民少而木獸多。黃帝之世，不麛不卵，官無供備之民，死不得用椁。事不同，皆王者，時異也。神農之世，男耕而食，婦織而衣，刑政不用而治，甲兵不起而王。神農既沒，以強勝弱，以眾暴寡。故黃帝作為君臣上下之義，父子兄弟之禮，夫婦匹配之合，內行刀鋸，外用甲兵，故時變也。由此觀之，神農非高於黃帝也，然其名尊者，以適於時也。故以戰去戰，雖戰可也；以殺去殺，雖殺可也；以刑去刑，雖重刑可也。

商學派講究的是「與時制宜」的治國主張，由於「古之民樸以厚，今之民巧以偽。」（〈開塞篇〉）唯有重戰、重殺、重刑，才能立足於今世，所以，通觀《商君書》中，此種「重刑」的主張（並且是「重其輕者」）可視為商學派自始自終不變的特色之一。

值得注意的是，商學派在刑罰方面的主張，不但講求「重刑」，更主張「刑無等級」，也就是「壹刑」的理論，與商鞅之前的法律相比，可說是劃時代的革命。〈賞刑篇〉說：

> 所謂壹刑者，刑無等級。自卿相將軍以至大夫庶人，有不從王令、犯國禁、亂上制者，罪死不赦。有功於前，有敗於後，不為損刑；有善於前，有過於後，不為虧法。忠臣孝子有過，必以其數斷。守法守職之吏有不行王法者，罪死不赦，刑其三族。周官之人，知而訐之上者，自免於罪，無貴賤，尸襲其官長之官爵田祿。

這種「刑無等級」的理論與傳統「禮不下庶人，刑不上大夫」（《禮記·曲禮》）的儒家觀念大相逕庭，如《周禮》載：「以八辟麗邦法附刑罰：一曰議親之辟，二曰議故之辟，三曰議賢之辟，四曰議能之辟，五曰議功之辟，六曰議貴之辟，七曰議勤之辟，八曰議賓之辟。」這親、故、賢、能、功、貴、勤、賓八種人即使犯刑，也能減議刑罰，商學派認為等於置刑罰於無物。

所以，商學派不但主張「重刑」，而且主張「刑重而必」。《史記·商君列傳》曾載商鞅「刑無等級」的事蹟：

> 令行於民期年，秦民之國都，言初令之不便者以千數。於是太子犯法。衛鞅曰：「法之不行，自上犯之。」將法太子，太子嗣君也不可施刑，刑其傅公子虔，黥其師公孫賈。明日，秦人皆趨令。

這段文字證明商學派自商鞅以來皆致力於打破傳統禮刑的差別，創造一個法律之前、一律平等的社會，這種可貴的創見，能忠實地實行，秦國之所以富強亦是意料中事。

（二）賞　賜

〈農戰篇〉云：「凡人主所以勸民者，官爵也。國之所以興者，農戰也。今民求官爵，皆不以農戰，而以巧言虛道，此謂勞民。」商學派認為凡賞賜必出於農戰，其理由正如前文所說：「國之所以興者，農戰也。」、「國待農戰而安，主待農戰而尊。」（〈農戰篇〉）這在《商君書》中並無異文，然而，在賞賜的程度上，商學派裡卻有不同的意見。

第一、主張重賞者

商學派的始祖，商鞅，就是一個「重刑厚賞」的主政者，前文曾提到商鞅「徙木立信」，重賞徙木者可證；韓非也曾不止一次地提及商鞅是「重刑厚賞」的主張者，如《韓非子·定法篇》曰：「公孫鞅之治秦也，設告相坐而責其實，連什伍而同其罪，賞厚而信，刑重而必，是以其民用力勞而不休，逐敵危而不卻，顧其國富而兵強。」這一類的商學派認為可用人性中的「好利惡惡」，來控制人民的行動，使民盡力於農戰之上，則國富兵強。〈錯法篇〉曰：

> 人生而有好惡，故民可治也。人君不可以不審好惡；好惡者，賞罰之本也。夫人情好爵祿而惡刑罰，人君設二者以御民之志，而立所欲焉。夫民力盡而爵隨之，功立而賞隨之，人君能使其民信於此如明日月，則兵無敵矣。

筆者認為這一類主張者，是有鑑於商學派所頒佈的法令多新法且具重刑，所以，讓人民知道「厚賞而信，刑重而必」，唯有如此，人民才能認同法律，並且樂於遵守。

第二、主張輕賞者

由於商學派皆主張重刑，所以，這一類商學派為了強調「重刑」的效果，將「重賞」的主張變為「輕賞」。〈靳令篇〉說：「重刑少賞，上愛民，民死賞；重賞輕刑，上不愛民，民不死賞。」這種類似於「夫刑者所以禁邪也，而賞者所以助禁也。」（〈算地篇〉）的看法，將「重刑」視為「禁邪」的主要手段，而「賞賜」只是輔助的工具，「刑罰」和「賞賜」被區隔分開，並分析孰重孰輕。故此類商學派認為：

重罰輕賞，則上愛民，民死上；重賞輕罰，則上不愛民，民不死上。……
王者刑九賞一，強國刑七賞三，削國刑五賞五。（〈去彊篇〉）

重刑少賞，上愛民，民死賞；重賞輕刑，上不愛民，民不死賞。（〈靳
令篇〉）

刑重，爵尊；賞輕，刑威。爵尊，上愛民；刑威，民死上。……故
王者刑於九而賞出一；刑於九則六淫止，賞出一則四難行。六淫止
則國無姦，四難行則兵無敵。（〈說民篇〉）

刑罰項目多，賞賜少，就顯得賞賜重；賞賜少，刑罰多，則可顯示刑罰很重。
所以，賞賜重並不代表人民能「壹於農戰」，此類商學派的不言之意，主要還
是在於主張「重刑」是治國的唯一手段。

第三、主張不賞者

由「重刑輕賞」者發展的脈絡可知，「重刑不賞」的主張亦必爲商學派所
探討。〈畫策篇〉說：

故善治者，刑不善而不賞善，故不刑而民善。不刑而民善，刑重也。
刑重者民不敢犯，故無刑也，而民莫敢爲非，是一個皆善也。故不
賞善而民善。

這一類的商學派實際上是服膺「重刑以致於無刑」的主張，他們認爲不用獎
賞守法的人民，此「不賞」的主張，不是不賞「有功者」，而是不賞「民善守
法者」；〔註12〕換言之，「不賞」應是不從國內出賞賜給有功之人，所以並非
眞正的不賞，這一類商學派與其派中的好戰份子重疊互見（下文將提及）。〈賞
刑篇〉說：

所謂壹賞者，利祿、官爵摶出於兵，無有異施也。夫固智愚、貴賤、
勇怯、賢不肖，皆盡其胸臆之知，竭其股肱之力，出死而爲上用也。
天下豪傑賢良，從之如流水，故兵無敵。

戰必覆人之軍，攻必凌人之城，盡城而有之，盡賓而致之，雖厚慶
賞，何匱之有矣？

〔註12〕鄭良樹先生認爲〈畫策篇〉：「故善治者，刑不善而不賞善，故不刑而民善。
不刑而民善，刑重也。刑重者民不敢犯，故無刑也，而民莫敢爲非，是一國
皆善也。故不賞善而民善。」的這段引文指的是《商君書》中「重刑不賞」
的一派，觀此段引文，應是指「不賞守法者」，與筆者認爲的「不賞有功」者
並不完全相同。鄭良樹：《商鞅及其學派》〈後編、第二章、分論〉，頁304。

善因天下之貨，以賞天下之人，故曰：明賞不費。

他們認為「不賞」並非真的沒有賞賜，而是將他國的土地財貨奪取過來，賜給有功的人員，如此，國君不費一賞，又可獎勵軍士攻城掠地，可謂一舉數得。

由上文可知，國君自身的地位和法律有著密不可分的關係，而商學派雖對君主操控臣下之術有所著墨，但份量並不多，〔註13〕故在闡述了「御下之術」後，重點仍放在國君與法律關係的連結上，對「法」本身的理論作各方面的發展，而其強國之術，亦在法治的方式下達成富國強兵的目標。

第三節 強國之術的各項方案

在本文第三章中提到，春秋末年、戰國以來，經年累月地進行兼併戰爭，「以強勝弱，以眾暴寡」（〈畫策篇〉），各國的統治者為了在兼併戰爭中取得勝利，無不積極爭取國內人民的支持、實行集權政策，進行各種改革，追求富國強兵的目標，其中又以秦國變法最為成功，以下即分述《商君書》中對「富國強兵」政策的具體主張。

一、重農為經濟之本，經濟為軍事的屏障

在封建時代，農業是一切經濟的基礎，農業興盛，其他如手工業、商業等行為才得以發展，尤其中華民族自古以農立國，《國語·周語上》載：「夫民之大事在農。上帝之粢盛於是乎出，民之蕃庶於是乎生，事之共給於是乎在，和諧睦輯於是乎興，財用蕃殖於是乎始，敦厖純固於是乎成。」而戰國以來，兵源和糧食既然成為沙場勝負的關鍵，商學派由商鞅以來，皆發展成為極端的重農主義者，亦是時代環境所驅。

陳啟天先生曾歸納商學派重農的理由：第一、經濟上的理由，便是要藉重農以富國；第二、政治上的理由，便是要藉重農使民樸壹易治；第三、軍事上的理由，便是要藉重農以強兵。〔註14〕以當時的時代環境而言，雖然《商君書》中並無提出任何理論上的根據，但其重農的理由實不難瞭解。〈農戰篇〉有言：

〔註13〕關於國君御下之術的內容，商學派只開啟一端的角落而已，在韓非繼商鞅及商學派完成「尊君」學說的內容後，其理論才得以完備。

〔註14〕見陳啟天：《商鞅評傳》〈商鞅的重農主義及其田制〉，頁77。

聖人知治國之要，故令民歸心於農。歸心於農，則民樸而可正也，

紛紛則易使也，信可以守戰也。

由此可知，雖然商學派認為治國之要在於重農與重戰，但其重農的學說仍視為治國的根本，與重戰的主張有先後之分。

而有關商學派重農的方法，學者如林劍鳴、陳啓天、鄭良樹的觀點大抵是歸納〈墾令篇〉而來，其要如下。

（一）林劍鳴先生認為重農的方法可分成四方面：1、實行封建制的租稅制，以農民收入穀糧的多少來徵稅。2、統一制度，整頓吏制，使官吏不敢為非。3、壓制商人和商業活動，鼓勵農業生產。4、實行愚民政策，使民專心務農。〔註15〕

（二）陳啓天先生認為〈墾令篇〉內的重農方法可分為兩大類：第一，用政治限制的力量摶民於農，如餘夫需役於官，所以使家無閒人。廢逆旅，禁擅徙，使民定居。禁聲色，使民無邪。賤學問，使民易使。不庇姦、不濫徵民役。清吏制。又重刑連坐強制於農。第二、用經濟獎勵的方法摶民於農，如改革稅制。重稅遊食者。平糴糶。重稅、多使役商人。其所謂的重農主義，就是賤商主義。〔註16〕

（三）鄭良樹先生認為〈墾令篇〉是全農的經濟政策，並主張一方面要抑制商人，一方面要獎勵農業。抑商的辦法如：第一、商人不得賣糧；第二，提高酒肉價錢；第三、廢除旅館的經營；第四、加重商品銷售稅；第五、商家的奴僕必須服役。而重農者如：第一、增加農民的數目；第二、逼迫農民專心務農；第三、重定社會價值觀念。〔註17〕

總結上面所述可分為三部分：第一，提倡農業；第二，限制商業行為；第三，政府制訂崇本抑末的主張。這些有利於墾殖的具體方案，背後所代表的意義可說是有一個共同的特點：商學派利用法律維持一個重農的社會，另一方面，這個農業社會為商學派的法治社會提供穩定的基礎。〈壹言篇〉云：

凡將立國，制度不可不察也，治法不可不慎也，國務不可不謹也，

事本不可不摶也。

夫聖人之立法、化俗，而使民朝夕從事於農也，不可不知也。

〔註15〕見林劍鳴：《秦史》〈秦獻公時期的改革與商鞅變法〉，頁282。
〔註16〕見陳啓天：《商鞅評傳》〈商鞅的重農主義及其田制〉，頁79。
〔註17〕見鄭良樹：《商鞅及其學派》〈後編、第二章、商鞅思想的建立〉，頁232。

這段話道出商學派的用心：用法律迫使人民朝夕於農，那麼國家必定強盛。所以，除了上文所引的資料外，商學派積極地規劃境內的土地，使之能利用至最高效益。〈算地篇〉中載：

> 故爲國任地者，山林居什一，藪澤居什一，溪谷流水居什一，都邑蹊道居什一，惡田居什二，良田居什四，此先王之正律也。故爲國分田數小，畝五百，足待一役，此地不任也。方土百里，出戰卒萬人者，數小也。此其墾田足以食其民，都邑、蹊路足以處其民，山林、藪澤、溪谷足以供其利，藪澤、堤防足以畜。故兵出，糧給而財有餘：兵休，民作而畜長足。此所謂任地待役之律也。

這種類似於「國土改革」的計畫在當時已屬前無古人的創舉。〔註 18〕而追究其原因，在於商學派不滿當時秦國土地利用的現況。〈徠民篇〉說：

> 今秦之地，方千里者五，而穀土不能處二，田數不滿百萬，其藪澤、溪谷、名山、大川之財物、貨寶，又不盡爲用，此人不稱土也。

而〈算地篇〉也說：

> 凡世主之患，用兵者不量力，治草萊者不度地。故有地狹而民眾者，民勝其地：地廣而民少者，地勝其民。

當時秦國境內未開墾的土地很多，而緊鄰秦國的三晉人民「土狹而民眾」、「上無通名，下無田宅，而恃姦務未作以處。」（〈徠民篇〉）與秦國境內人民「不足以實其土」的情況相反。最能「因時制宜」的商學派見此，遂提出中國史上第一個殖民計畫。〈徠民篇〉說：

> 今王發明惠，諸侯之士來歸義者，今使復之三世，無知軍事。秦四竟之內，陵、阪、丘、隰，不起十年徵，著於律也。足以造作夫百萬。曩者臣言曰：「意民之情，其所欲者田宅也，晉之無有也信，秦之有餘也必。若此而民不西者，秦士戚而民苦也。」今利其田宅，而復之三世，此必與其所欲，而不使行其所惡也。然則山東之民無不西者矣。

讓三晉人民因爲田宅、賦稅之利而爲秦國開墾「草茅之地」，對秦國而言，這項計畫的好處有三，鄭良樹先生說：「人民移墾到秦國來，爲秦增加生產，這

〔註 18〕法家盡地利之教始於李悝，《漢書‧食貨志》：「李悝爲魏文侯盡地利之教。以爲地方百里，提封九萬頃，除山澤邑居參分去一，爲田六百萬畝。治田勤謹則畝益三升，不勤則損益如之」。

是第一層；三晉失去人民，失去生產力，這是第二層；再用所得米糧支援兵隊，攻打三晉，這是第三層。」〔註19〕

　　而上述的這些計畫，商學派認為尚且要配合他們的軍事主張，才能發揮最大的效用，故試論商學派的軍事思想於下。

二、「殖民」與「武裝」結合的軍事政策

　　秦，之所以被視為「虎狼之國」，在於它擁有優於其他諸國的武力。而在武力改造之前，商學派認為政治改造應先於是，〈戰法篇〉說：

> 凡戰法必本於政勝，則其民不爭，不爭則無以私意，以上為意。故王者之政，使民怯於邑鬥，而勇於寇戰。

政治改革必須先成功，建立明確、公正的法治社會，上下一心，全力於農事和戰爭上，進而使人民習於「勇於寇戰」的風氣，到了此時，人民喜聞戰爭的訊息，迫切地想投入戰場，這即是商學派所提出的思想改造方案。〈立本篇〉云：

> 凡用兵勝有三等：若兵未起則錯法，錯法而俗成，而用具。此三者必行於境內，而後兵可出也。行三者有二勢：一曰輔法而法行，二曰舉必得而法立。故恃其眾者謂之葺，恃其備飾者謂之巧，恃譽目者謂之詐。此三者，恃一因，其兵可禽也。

原來在商學派的眼中，治國之道真正的基礎在於良好的法律制度，換言之，所有的改革振興方案都必須連結在法治的基礎上。軍事的力量來自於良好的法律所規定而成的風俗，〈立本篇〉說：「兵生於治，俗生於法。」為政者必須用政治的力量來移風易俗，使得人民「強者必剛鬥其意，鬥則力盡，力盡則備，是故無敵於海內。」（同上）而那些不明此理的主政者，如同「飾巧」、「偽詐」的「修葺」者，只能被人無盡的羞辱罷了。

　　而商學派之所以有此「尚力」的傾向，應該和他們進步不返的歷史觀有關。在本章第一節曾提到商學派是「現實改革」者，〈更法篇〉中所提到的觀念－「三代不同禮而王，五霸不同法而霸。故知者作法，而愚者制焉；賢者更禮，而不肖者拘焉。」－一直是他們遵守的教條，而對於軍事的思想，亦有同樣的主張。〈開塞篇〉有言：

> 民愚則知可以王，世知則力可以王。

〔註19〕見鄭良樹：《商鞅及其學派》〈後編、第二章、殖民計畫〉，頁276。

—55—

故神農教耕而王天下，師其知也；湯、武致強而征諸侯，服其力也。

故以王天下者并刑，力征諸侯者退德。

戰國是講求力量的年代，和三皇五帝時代的情況不同，人民也是狡獪多變，仍用以前的舊方法是行不通了，「道德」與「知識」將在「武力」的力量下臣服。〈畫策篇〉又說：

名尊地廣以致於王者，何故？戰勝者也。名卑地削以致於亡者，何故？戰罷者也。不勝而王，不敗而亡，自古至今未嘗有也。民勇者，戰勝；民不勇者，戰敗。能壹民於戰者，民勇；不能壹民於戰者，民不勇。聖王見王之致於兵也，顧舉國責之於兵。

一國的存亡取決於戰爭的勝敗，戰爭的勝敗取決於士兵的勇力，能時時刻刻保持備戰狀態的國家必能勝能王，這種「舉國責之於兵」的軍國主義，才是保障國家興盛富強的寶物，亦成為商學派軍事思想的綱領。

至於軍隊的型態，商學派將「舉國責之於兵」的觀點發揮的淋漓盡致。〈兵守篇〉中曾言：

三軍：壯男為一軍，壯女為一軍，男女之老弱者為一軍，此之謂三軍也。

雖然〈兵守篇〉指的是守城之道，但是若用於攻城掠地，想必亦是十分切用。[註20] 商學派將人民分做三等：第一等，殺敵；第二等，「作土以為險阱」；第三等，供「其壯男女之食」。三軍「慎使無相過」，不讓三軍互相往來以定殺敵的心智。但此軍隊的編制縱使能夠完美，尚不能保證戰無不克，攻無不勝；能達成舉兵無敵於天下的目標，還需要有讓戰士盡死力的方法。

「夫農，民之所苦；而戰，民之所危」（〈算地篇〉）要人民勞動，雖苦不至於亡，故民尚能勤勉於是；要人民捨身樂戰，忘卻生命的可貴，商學派認為非用重賞，否則不足以成事。〈賞刑篇〉曰：

所謂壹賞者，利祿、官爵摶出於兵，無有異施也。夫固智愚、貴賤、勇怯、賢不肖，皆盡其胸臆之知，竭其股肱之力，出死而為上用也。天下豪傑賢良，從之如流水，故兵無敵，而令行於天下。

〔註20〕陳啟天先生認為〈兵守篇〉可能出自商鞅或商鞅後人，鄭良樹先生雖不認為如此，但認為可能是商鞅由「四戰之國」的魏攜之入秦，商學派將之視為商鞅思想的一種呈現。陳啟天：《商君書考證》，頁128。鄭良樹：《商鞅及其學派》〈第二章、第十一節〉，頁109。

國君或主政者對戰士的賞賜要豐厚－「壹賞而爵尊」，而賞賜正出自於重農的成果，「治行則貨積，貨積則賞能重矣。」（皆見〈立本篇〉）而關於賞賜實際的內容，〈境內篇〉載曰：

> 能攻城圍邑，斬首八千以上，則盈論；野戰，斬首二千，則盈論。
> 吏自操及校以上大將盡賞。行間之吏也，故爵公士也，就為上造也；
> 故爵上造，就為簪裊；就為不更。故爵為大夫，爵吏而為縣尉，賜
> 虜六，加五千六百。爵大夫而為國治，就為大夫；故爵大夫，就為
> 公大夫；就為公乘；就為五大夫，則稅邑三百家。故爵五大夫，皆
> 有賜邑三百家，有賜稅三百家。爵五大夫有稅邑六百家者，受客。
> 大將、御、參皆賜爵三級。
>
> 能得甲首一者，賞爵一級，益田一頃，益宅九畝，除庶子一人，乃
> 得入兵官之吏。

根據這段引文得知，商學派「壹賞」的方法是按照功勞的大小按級進爵，並且「內容」十分厚重，除了官爵外，尚有租稅可收。而功勞的大小端視斬首之數，這也是秦被稱為「尚首功之國」的由來；值得注意的是，所謂「甲首」應指敵人中領兵的重要將領而言，否則殺一人進爵一級，就徐復先生所統計：「……孝公八年與魏戰，斬首七千；惠文王八年與魏戰，斬首四萬五千；後七年，與韓、趙戰，斬首八戰……計共一百六十六萬八千人。而史所缺略不書者，尚不知凡幾。」秦在統一戰爭中殺人多過百萬，焉有如此多的爵位頒給有勞的將士？[註21]

而如此崇尚武力的結果，似乎將商學派導入極端的戰爭理論。〈去彊篇〉曰：

> 國強而不戰，毒輸於內，禮、樂蝨害生，必削。國遂戰，毒輸於敵，
> 國無禮樂蝨害，必強。

[註21] 見徐復先：《秦會要訂補》，卷18。關於「甲首」的問題，杜正勝先生也曾舉《新序・義勇篇》載卞莊子的故事證明「甲首」並非一般兵吏。〈義勇篇〉云：「卞莊子好勇，養母，戰而三北，交遊非之，國君辱之。及母死，三年冬，與魯戰，卞莊子請從，見於魯將軍曰：『初與母處，是以北，今母死，請塞責而神有所歸。』遂赴敵，獲一甲首而獻之，曰：『此塞一北。』又入，獲一甲首而獻之，曰：『此塞在北。』又入，獲一甲首而獻之，曰：『此塞三北。』」由卞莊子獲三甲首而洗雪三次敗北的恥辱來推斷，可知甲首並非指一般的戰鬥人員。杜正勝：〈從爵制論商鞅變法所形成的社會〉。

所謂的蠹害指的是六種損害國力的行為，〔註22〕商學派認為唯有戰爭才能將「歲、食、美、好、志、行」六種毒害國力的毒素既排出於國內，並能輸毒於敵國，這種將戰爭視為治國常規的看法，逐漸顯露出商學派在軍事思想上詭譎的發展。

就前文殖民計畫中招三晉之民開墾秦境內土地一案，配合在商學派軍事思想上而言，他們認為使外來、忠誠度尚須存疑的民眾盡力於農耕，而秦本國之民則致力於攻佔其他國家，將是一項完美的軍事計畫書〈徠民篇〉曰：

> 夫秦之所患者，興兵而伐，則國家貧；安居而農，則敵得休息，此王所不能兩成也。故四世戰勝，而天下不能令。以故秦事敵，而使新民作本，兵雖百宿於外，境內不失須臾之時，此富強兩成之效也。臣之所謂兵者，非謂悉興盡起也，論境內所能給軍卒騎。令故秦民事兵，新民給芻食，天下有不服之國，則王之春圍其農，夏食其食，秋取其刈，冬陳其寶，以大武搖其本，以廣文安其嗣。王行此，十年之內，諸侯將無異民。

將秦領土境內的人民大膽地分做兩部分：一用以殺敵，一用以農耕。如此一來便能「兵雖百宿於外，境內不失須臾之時」，秦兵一年四季皆可對外作戰，而山東六國卻需春耕、夏耘、秋收、冬藏，不出幾年六國的防禦便土崩瓦解了。

以此論斷商學派已走向「為戰而戰」，證據似乎尚嫌不足，但在〈錯法篇〉及〈畫策篇〉中卻載有支持這項論點的證據。正如〈錯法篇〉所言：「故明主者，用非其有，使非其民。」真正高明的國君，要能使用不屬於自己的人民和財寶，而這便要用軍事力量來達成；換言之，在本節前言所提到的「農戰至上」的基本政策，發展至此已經完全將「重農」主義排出。〈畫策篇〉說：

> 聖王見王之致於兵也，故舉國而責之於兵。入其國，觀其治，民用者強。奚以知民之見用者也？民之見戰也，如惡狼之見肉，則民用矣。凡戰者，民之所惡也，能使民樂戰者王。強國之民，父遺其子，兄遺其弟，妻遺其夫，皆曰：「不得，無返。」又曰：「失法離令，

〔註22〕第一種是「歲蠹」（從事農業的人遇上豐年便懶於農耕），第二種是「食蠹」（農民浪費糧食），第三種是「美蠹」（商賈販賣華麗物品），第四種是「好蠹」（商賈販賣供人玩樂的奢侈品），第五種是「志蠹」（官吏懷有營私舞弊的心智），第六種是「行蠹」（官吏有貪贓枉法的行為），以上參見《商君書‧去彊篇》。

若死我死。」鄉治之，行間無所逃，遷徙無所入。行間之治連以五，
辨之以章，束之以令，掘無所處，罷無所生。是以三軍之眾，從令
如流，死而不旋踵。

戰爭既然是秦國稱霸的唯一手段，就要讓全體國民都認同戰爭，進而讓人民
一聞戰事如同「惡狼之見肉」般地雀躍，這已是在描寫一個「戰爭化的社會」，
父子、兄弟、夫妻間皆以成為一個稱職的戰士來互勉，並「從令如流，死而
不旋踵」，徹底成為一個「戰爭之國」。

　　由「聖人之為國也，入令民以屬農，出令民以計戰。」（〈算地篇〉）的農
戰至上政策，到「以故秦事敵，而使新民作本，兵雖百宿於外，境內不失須
臾之時，此富強兩成之效也。」（〈徠民篇〉）有所修正的殖民政策，最後成為
「舉國責之於兵」（〈境內篇〉）的好戰主張，這種將戰爭視為治國之道的商學
派，是否經得起現實的考驗，值得令人研究。

三、組織人民，認同於「農戰至上」

　　商學派以重農和尚力為立國的根基，農業和軍事政策的要求被視為強國
的本務。〈算地篇〉曰：「故聖人之為國也，入令民以屬農，出令民以計戰。」
人民專心務農，平時是國家糧食及經濟生產的基礎，戰時成為戰場上驍勇善
戰的武士，這當然是當時每個國家政策的目標，但皆不若商學派學說來的嚴
密和影響之大。

　　就商學派學說而言，「國富兵強」是理論的中心，故對農、戰二事常同提
並列。「國之所以興者，農戰也。」、「國待農戰而安，主待農戰而尊。」（〈農
戰篇〉）農、戰既然如此重要，為政者持國治民的第一要務即在維護農、戰政
策的順利運行。〈農戰篇〉說：

　　凡治國者，患民之散而不可摶也，是以聖人做壹摶之也。國做壹一
　　歲者，十歲強；做壹十歲者，百歲強；做壹百歲者，千歲強；千歲
　　強者王。君修賞罰以輔壹教，是以教有所常，而政有所成也。

何謂壹教？即讓全體國人認同農戰至上的政策，而國人無法「摶之」於壹，
全在於有妨礙此政策的壞份子在。故打擊農戰敵人成為第一項要務，而農戰
的敵人為何？〈農戰篇〉又說：

　　農戰之民千人，而有《詩》、《書》、辯慧者一人焉，千人者皆怠於農
　　戰矣；農戰之民百人，而有技藝者一人焉，百人者皆怠於農戰矣。

> 夫民之不可用也，見言談游士事君之可以尊身也，商賈可以富家也，
> 技藝之足以餬口也。民見此三者之便且利也，則必避農，避農則民
> 輕其居，輕其居則必不為上守戰也。

雖然國家有實質上的需要，商人、游士、及工匠仍深受商學派學者所厭惡，而正因為當時社會中，三者實極為活躍，所以有此「農戰至上」的主張，亦是追求軍國主義者所不得不為。

而在組織國家社會前，商學派認為必須收集國家一切有利於「農戰」政策的資訊，早在商鞅主政時，就已重視到此一問題：「令民為什伍而相牧司連坐，不告姦者，腰斬；告姦者與斬敵首者同賞；匿姦者與降敵同罰。」（《史記‧商君列傳》）證明商鞅已實行「戶籍法」、「告姦法」與「連坐法」來統一計畫全國的軍政；而後在《商君書》中，商學派師承其意，並有所發揮。〈境內篇〉曰：

> 四境之內丈夫女子皆有名於上，生者著，死者削。

〈去彊篇〉又曰：

> 強國知十三數：境內倉府之數、壯男壯女之數、老弱之數、官士之
> 數、以言取食者之數、利民之數、馬牛芻稾之數，地雖利，民雖眾，
> 國愈弱至削。

這十三種資訊，是讓商學派隨時掌握國家資源的重要方法，今列表於下來分類其範圍：

國家經濟的情況	軍隊的分類	人民工作屬性	生產工具的資訊
倉之數（存糧）、府之數（存金）	壯男、壯女、老弱之數	官之數、士之數、以言取食者之數	馬牛之數、芻稾之數

掌握這些資訊，為政者才能對施政隨時作適當的調整，商學派並認為主政者可使用刑、賞來逼迫人民就範於農戰。〈去彊篇〉說：

> 怯民使以刑必勇，勇民使以賞則死。怯民勇，勇民死，國無敵者強，
> 強必王。貧者使之以刑則富，富者使之以賞則貧。治國能令貧者富、
> 富者貧，則國多力；多力者王。

人民怯弱，就用刑罰讓他們勇敢起來，用獎賞使他們盡死力殺敵；國家貧窮，就用刑罰使人民勞動，漸趨富有之後又用官爵讓人民輸獻財富轉為窮困，然後再重複著這項政策。此段資料透露出，商學派在強調主政者必須將人民視為工具，一群可為農戰而生，農戰而死的工具，於此顯示出商學派反

人文〔註23〕的特性。

　　總上所述，商學派在法治的理論和基礎下，認爲法律的基礎在於進步的歷史觀，而「明法」，並「以法爲教」是法治成功的不二法門。而法律與國君的關係密切，國君必須善執賞罰二柄，用權勢與法術來保障君權的運行。

　　在治國方針確立之後，推動強國之術的政策，以達成統一的目標，是主政者責無旁貸的任務。所以，必須推動各項重農的經濟方案，以提供軍事力量的發展；改革社會的狀況，組織人民認同於農戰，爲完成統一做準備。

　　對於秦當時統一的治國政策，商學派的主張必定在政治、社會、經濟、軍事上有過深刻的影響，而其影響的層面及效果如何，就有待印證於下文。

〔註23〕關於商學派的這項特點，可參考黃紹梅：《商鞅反人文觀研究》。

第五章　從秦王朝之政經形勢看《商君書》法治思想之成效

　　在做了第四章有關《商君書》法治思想的研究後，本章節繼續檢視秦國在統一運動中，政治、經濟、軍事及社會方面對商學派法治思想的回應，分析商學派對秦朝的發展有何正面的助益，以及其思想又爲何對秦王朝產生負面影響，後來導致秦王朝迅速敗亡的原因爲何？以此決定對商學派法治思想的評價。

　　此外，商鞅變法以後，至秦王朝一統之前，有關秦代律法的資料十分欠缺，直到民國六十四年十二月，湖北省孝感縣內，雲夢睡虎地秦簡的出土，才銜接上這一段歷史空白。之後，關於此秦墓竹簡的相關論文及專書陸續問世，對於秦代的律法及內容更爲詳加剖析；對本論文而言，更是爲商學派在秦王朝發展的軌跡留下第一手的歷史物證。例如大陸學者高敏先生認爲，在出土秦簡與商鞅所定法律之間：「既有區別，又有聯繫。二者的區別在於：一是撰寫的時間不同，二是具體內容尚有若干差異；至於二者的聯繫，則表現爲出土《秦律》是在商鞅《秦律》的基礎上經過發展、補充和累積而成，是商鞅《秦律》的直接延續。」〔註1〕

〔註 1〕　見高敏：《雲夢秦簡初探、商鞅秦律與雲夢出土秦律的區別與聯繫》，頁57。其他學者亦多從此說，如孔慶明先生云：「從《秦簡》可以看出，到秦朝時，法律已形成四種形式：法律條文、法律條文解釋、司法文書、判例。這四種形式都具有法律的效力，都是法律組成的部分。從法律部門看，有刑法、經濟管理法、行政管理法（包括以「官箴」形式表現的官吏行爲規章）、訴訟法等。這是在戰國時期的法、律令的基礎上發展而來的，是商鞅立法的進一步完備。這

簡言之，這批竹簡的出現不但能證明商君書的思想與秦嬴王朝的關聯，更是對本文所要探討的重心：「秦王朝的政經發展與商學派法治思想的關係」，作最有力的佐證。以下即在原有的資料加上這批新發現的史料，就秦王朝在政治、經濟、軍事及社會方面與商學派的法治思想的關係一一分述。

第一節　政治方面

商學派是講求國家必須「力」與「富」的法家學派，而在經濟、軍事上的成功，根基在於政治上的成功。《商君書·戰法篇》云：「凡戰法必本於政勝，則其民不爭，不爭則無以私意，以上為意。」只有全國在「以上為意」的政治思想下，安習於統一、明確的法度，並養成全民性的風俗，使得備戰與樂戰的心理和工作準備健全，那時，國家不用籌組任何事務，人民就已準備好與敵人戰鬥，這樣的國家自然所向無敵。

所謂「以上為意」，指的是人民服從於統治者；換言之，「強國之道」在於政治之術，而商學派在政治上的主張是「尊君學說」，講求絕對的君權；此便是「權斷於君則威」（〈修權篇〉）的尊君體制。〈君臣篇〉云：

> 古者未有君臣上下之時，民亂而不治。是以聖人列貴賤，制爵位，立名號，以別君臣上下之義。地廣、民眾、萬物多，故分五官而守之。民眾而姦邪生，故立法制，為度量以禁之。是故有君臣之義、五官之分、法制之禁，不可不慎。

〈開塞篇〉又說：

> 夫利天下之民者，莫大於治；而治莫康於君；立君之道，莫廣於勝法。

商學派雖是講求「尊君」，但仍試圖將君權納於法律之下，使得「尊君」成為「法治」的保障。〈君臣篇〉說：

> 故明主慎法制，言不中法者，不聽也；行不中法者，不高也；事不中法者，不為也。言中法，則辯之，行中法，則高之；事中法，則為之。故國治而地廣，兵強而主尊，此治之至也。人君者，不可不察也。

一個法律制度，從法律所求的經濟目標和法律所保護的階級利益，到法律的嚴明、規範、官吏法律責任的嚴肅，都與商鞅法律思想和法律實踐一脈相承。只是在法律形式和法律部門及內容上，大大超過了商鞅變法時期的水平。」見孔慶明：《秦漢法律史》（陝西人民出版社，1992 年 3 月第一版），頁 31。

國君只接受合於法律的言論；國君只讚揚合於法律的行為；國君只推崇合於法律的事情。國家一切的一切必須在法律的規範下由國君來監督執行政令；只有如此國家才能地廣、兵強、主尊。〈畫策篇〉云：

> 凡人主德行非出人也，知非出人也，勇力非過人也。然民雖有聖知，弗敢我謀，勇力弗敢我殺，雖眾不敢勝其主。雖民至億萬之數，懸重賞而民不敢爭，行罰而民不敢怒者，法也。

但是，由於君權並沒有受到任何強制的限定，越來越龐大的君權往往是法律的最大破壞者。這亦是所有法家「尊君」主張的通病。胡樸安先生說：「國家對於人民，有無上之權威，所以務在嚴刑以臨民。……特是國家與君主不分，刑罰太峻，君權必尊。極其流弊，法律將失效力，此君主的意思，強使人民之必從，造成君主專制之政治」。〔註2〕

瞟諸史實，從秦孝公至秦始皇統一六國之前，秦國權力核心中的人物因自我立場的考量而置國家利益不顧的例子可說不勝枚舉。《韓非子‧定法篇》載：

> 及孝公商君死，惠王即位，秦法未敗也，而張儀以秦殉韓、魏。惠王死，武王即位，甘茂以秦殉周。武王死，昭襄王即位，穰侯越韓、魏而東攻齊，五年，而秦不益一尺之地，乃成其陶邑之封。應侯攻韓，八年，成其汝南之封。自是以來，諸用秦者，皆應、穰之類也。

換言之，商學派的法治制度對於政府的中下管理階層能產生很大的作用，但對權力的核心（往往只是掌握在一二人手上，並不專指國君）卻無約制的功能；在理論上，國君（或主政者）亦必須受法律的規範，但國君（或主政者）又有權立法或刪改，所以往往視法律如無物。這就是此一制度的缺陷。〔註3〕因此，商學派的法治主張（或所有法家）可以說是專門為中央集權專制政體服務，對於鞏固專制政權的各項措施，便為商學派所汲汲營營，以下即分述之。

〔註2〕 胡樸安：《商君書解詁‧序》。
〔註3〕 此即《老子‧十七章》所言：「太上下，不知有之；其次，親之譽之；其次，畏之侮之。」太上是指在有「道」國君治理下，人民和樂，不知有國君；在講求「儒」家仁民愛物的國君之下，人民親君愛君；但在法家治理下，尚法而無法，臣下反以僵化的法律來對付國君。《荀子‧非十二子篇》亦曰：「尚法而無法，下脩而好作。上則取聽於上，下則取從於俗。終日言成文典，反循查之，則偶然無所歸宿。」

一、鞏固中央集權的官職結構

由《商君書》中的〈境內篇〉得知，商鞅在變法的過程中，對秦中央職官的爵等，奠定了基本的體系。一稱公士，二上造，三簪裊，四不更，五大夫，六官大夫，七公大夫，八公乘，九五大夫，十左庶長，十一右庶長，十二左更，十三中更，十四右更，十五小上造，十六大上造（即大良造）。然而，對照《漢書·百官公卿表》可知，其言秦爵有二十級，與〈境內篇〉所言不同。其曰：

> 爵：一級曰公士，二上造，三簪裊，四不更，五大夫，六官大夫，
> 七公大夫，八公乘，九五大夫，十左庶長，十一右庶長，十二左更，
> 十三中更，十四右更，十五小上造，十六大上造，十七駟車庶長，
> 十八大庶長，十九關內侯，二十徹侯。

在商鞅以前秦雖也有官爵，如上造、庶長、大良造等，但不細密，至商鞅後始逐漸完備。但值得注意的是，中央政府的官職負責的是實際的政務運作，而此爵制與軍功獎勵有著較深的關係，此點將在下文提及（本章第三節）。

在戰國時期，當山東各國中有些國家已經立相之時，商鞅變法仍未改變秦國中央高層的官職（國君以下最高官職仍是大庶長、大良造），商鞅死後，秦惠文王始設置第一個相〔註4〕（張儀），至秦武王時，又分設左右丞相（以樗里疾爲左丞相、甘茂爲右丞相），而到了秦昭襄王時代，穰侯魏冉又稱相國。從此以後，秦設相成爲定制，庶長及大良造等僅成爲爵位名稱，丞相（或稱相國）成爲中央統治機構中最重要的官吏。〔註5〕

此外，軍隊最高武將稱「將軍」、「尉」或「國尉」（見《史記·秦始皇本紀》引《正義》）。「尉」或「國尉」原爲大良造以下一級武官，後去大良造，就成爲最高階的統兵武將。如秦昭王時白起曾爲「國尉」（《史記·白起列傳》），秦始皇時，也曾以尉繚爲「國尉」（《史記·秦始皇本紀》秦始皇十年）。

除了「丞相」、「國尉」外，戰國時秦國有些官職常改變名稱和職權範圍，如御史（《史記·廉頗藺相如列傳》）、郎中令（《戰國策·韓策三》）、謁者（《史記·雎列傳》）、太僕（《韓非子·說林上》）、廷尉（《史記·李斯列傳》）、衛尉（《史記·秦始皇本紀》）、少府、左弋（《史記·秦始皇本紀》）、內史（《史

〔註4〕見《史記·秦本紀》秦惠文王十年任張儀爲相，此爲西元前328年。
〔註5〕關於相權，秦統一六國前後有所不同。統一之前，丞相不僅是最高行政官，也可率兵打仗，如張儀、樗里疾、甘茂等；統一後，軍權則由太尉負責。

記‧秦本紀》)、尚書(《戰國策‧秦策五》)等,是秦統一六國後的「三公」、「九卿」官僚制度的基礎。

　　在秦統一六國後,中國的封建社會,由原本的封建諸侯各自割據一方,改為郡縣制的中央集權政府,政治核心必須發展出一套從上到下、從中央到地方的嚴密組織。秦王朝就在前述的官制上加以擴充,形成所謂「三公」、「九卿」的行政組織。現根據將各職官職務表列於下:

丞相	協助皇帝,「金印紫綬,掌丞天子,助理萬機」。見《漢書‧百官公卿表》
太尉	原稱尉、國尉,秦一統後稱太尉,「金印紫綬,掌武事」(《漢書‧百官公卿表》)、「主五兵」(《文獻通考‧職官》)。
御史大夫	在戰國時本類似於秘書,主記錄(《史記‧藺相如列傳》記秦趙澠池之會)。後專掌監察,「以貳於相。侍御史之率,故稱大夫」(《通典‧職官》)。
奉常	掌管宗廟祭祀禮儀(《漢書‧百官公卿表》)。
郎中令	為國君的侍衛長,戰國時,趙、韓、齊、秦、楚等國已有郎中(《戰國策》、〈趙策三〉、〈韓策三〉、〈楚冊四〉等)。下屬有大夫、郎中、謁者。
衛尉	掌皇宮的警衛部隊,秦在戰國時已設置(《史記‧秦始皇本紀》始皇八年)。
太僕	掌皇室車馬。春秋時各國已設置(《呂氏春秋》〈長見篇〉、〈處方篇〉)。
廷尉	掌刑罰,為全國最高司法官,有正、左、右監。秦在戰國時已設置(《史記‧李斯列傳》)。
典客	主管外交。戰國時齊已有設置(《史記‧滑稽列傳》)。
宗正	掌管國君宗族。(《漢書‧百官公卿表》)。
治栗內史	掌管租稅。戰國時趙、秦已置(《史記趙世家》、《秦始皇本紀》)。
少府	掌管供皇室用度之山海地澤之稅。下有尚書(《戰國策‧秦策五》)。

　　比較秦王朝統一前後的中央機構,並無本質上的改變,只是一統後規模較為擴大。而此套官職結構自商鞅以來,不斷擴大完善,成為中央集權政體的骨幹,與宗法治度下的世卿世祿制形成明顯的對比。對此,後世學者早有評論,曰:「秦爵二十等,起於孝公之時,商鞅立此法以賞戰功。按古之所謂爵者,皆與之土地,如公、侯、伯、子、男,以至附庸及孤卿大夫亦具有世食祿邑。若秦法,則為徹侯有地,關內侯則虛名而已,庶長以下不論也。始皇遣王翦擊楚,翦請美田宅甚眾,曰:『為大王將,有功終不得封侯。』然則秦雖有徹侯之爵,而受封者蓋少。考之於史,為商鞅封商於,魏冉封穰侯,范雎封應侯,呂不韋封文信侯,嫪毐封長信侯。及始皇既稱皇帝,東游海上,至瑯琊。群臣議頌功德,惟列侯成侯王離,通武侯王賁;倫侯建成侯趙亥,

昌武侯成，武信侯馮無擇，如是者數人而已。然鞅、冉、不韋、毐，皆身坐
誅廢。睢雖善終，而亦未聞傳世。王離以下，具無聞焉。蓋秦之法，未嘗以
土地與人，不待李斯建議而始罷封建也。」〔註6〕

在中央任官制度下，國君擁有隨時裁撤官員的權力，再也不是貴族或世
家大族把持國政的局面，一個中央集權的體系才得以完成。而這種集權國家，
以富強、統一他國為職志，指揮全國軍民，如臂使指，在戰國當時，是最進
步的政府組織。

二、確立郡縣制，集權控制地方

在宗法制度下，國君以封君制統治國家，一族多邑或一人多邑的現象很
普遍。這些世家大族的封邑如同封君自己的領土，〔註7〕所以封邑如同國中之
國，國君與封邑主（或稱封君）在宗法「親親尊尊」的大義逐漸消失淡薄下，
往往因為現實環境的嚴苛，而爭奪彼此的領地或國家的統治權。呂文郁先生
說：「采邑制在春秋時期是各諸侯國普遍實行的一種政治制度。由於采邑與每
一個貴族家族的興衰息息相關，因此采邑的爭奪成為春秋時代統治集團內部
鬥爭的焦點。」〔註8〕

就國君而言，為了因應春秋戰國以來頻繁的戰爭，集中國力與資源是國
家生存下去的命脈，如果國君不能統御境內的封君，甚至有「私家重於公室」
的情況出現，這個國家不但處境危險，國君更有被廢替的危機。故早在春秋
時期，有識之士早就對此一現象提出警告，如：

> 《左傳》桓公二年，晉昭侯初封桓叔於曲沃時，師服就警告說：「吾
> 聞國家之立也，本大而末小。是以能固……今晉，甸侯也，而建國，
> 本既弱矣，其能久乎？」後桓叔之子曲沃莊伯殺死晉孝侯，莊伯之
> 子曲沃武公俘虜晉哀侯，又誘殺小子侯，最後殺晉侯緡而取代公室。

〔註6〕 元、馬端臨：《文獻通考・封建六》〈秦制侯以下二十等爵罷封建條〉，卷265，
　　　頁2095。
〔註7〕 錢宗范先生說：「如趙氏，趙衰、趙盾直至趙襄子這一族為趙氏大宗……趙穿
　　　至趙午一族屬於趙氏側室……在趙氏大宗被誅、采邑被收歸公室時，側室的
　　　采邑並沒被沒收，仍掌握在趙游等人手中，這說明側室的采邑對趙氏大宗來
　　　說有很大的獨立性。」見《西周春秋時代卿大夫世族內部的宗法制度》，載《歷
　　　史論叢》第二輯，（山東：齊魯書社，1981年版），頁115。
〔註8〕 見呂文郁：《周代采邑制度研究》（台北：文津出版社，1992年3月初版），頁
　　　245。

《左傳》閔公二年，晉國狐突說：「內寵嬖后，外寵二政，嬖子配嫡，大都耦國，亂之本也。」

《左傳》昭公十一年，楚子城陳、蔡、不羹，使棄疾爲蔡公。王問於申無宇曰：「棄疾在蔡，何如？」對曰：「擇子莫若公，擇臣莫如君。鄭莊公城櫟而寘子元焉，使昭公不立；齊桓公城穀而寘管仲焉，至於今賴之。臣聞五大不在邊，五細不在庭。親不在外，羈不在內。今棄疾在外，鄭丹在內，君其少戒！」王曰：「國有大城，何如？」對曰：「鄭京、櫟實殺曼伯，宋蕭、亳實殺子遊，齊渠丘實殺無知，衛蒲、戚實出獻公。若由是觀之，則害於國。末大必折，尾大不掉，君所知也。」

上述引文都是強調采邑過大對國君的危害，說明自春秋以來這種「末大必折，尾大不掉」的情形十分嚴重。若一國家內的采邑太多，等於國君的直接統御力低弱，常造成動亂甚至國主易位，如三家分晉和陳氏代齊便是明證。就這項情形而言，「郡縣制」其實就是爲了對抗采邑制所產生的對立制度。

顧棟高對郡縣的起源時間，推定在春秋時期，顧氏曰：「封建之裂爲郡縣，蓋不自秦始；自莊公（魯）之世，楚文王以縣申息，封畛於汝，逮後而晉有四十縣，終春秋之世，而國之滅爲縣邑者，強半天下。」〔註9〕又《左傳》宣公十二年載，楚軍攻入鄭都，「鄭伯肉袒牽羊以逆，曰：……若惠顧前好，徼福於厲、宣、桓、武，不泯其社稷，使改事君，夷於九縣，君之惠也……」杜預注：「楚滅九國以爲縣。」陸德明《經典釋文》釋九縣曰：「莊十四年滅息，十六年滅鄧，僖五年滅弦，十二年滅黃，二十六年滅夔，文公四年滅江，五年滅六、滅蓼，十六年滅庸」。關於這種情況，呂思勉先生指出：「秦漢時之縣，多古國名。蓋沿自春秋戰國之世滅國而以爲縣。」〔註10〕《史記·秦本紀》載：「武公十年，伐邽、冀戎，初縣之。」「十一年，初縣杜、鄭，滅小虢。」這是秦最早之縣（688B.C）。至秦孝公時，「並諸小鄉聚，集爲大縣，縣一令，三十一縣。」而春秋時期的兼併盛行，從此可看出，自春秋時期，各國皆有設縣的舉動，不獨只有秦國。

但何以秦國的「縣制」最爲成功，這端視各國國情及國君能否掌握「縣制」的主權而言。春秋時之守令，以各國政制不同，名稱亦不一；或曰「大

〔註 9〕見顧棟高：《春秋大事表、列國爵姓及存滅表序》。
〔註10〕呂思勉：《中國政治制度史》，頁 413。

夫」，或曰「守」，〔註11〕或曰「尹」。但皆可視爲國君與領地之間關係的加強，因爲國君的任命權高於當地宗族之權。但反之，若國君不能掌控主權，往往導致「公室」的力量逐漸衰弱，如晉國公室之所以在春秋後期被私家所併吞，主要原因即在縣制發展的失敗。

就商學派而言，秦國原本即無嚴格的宗法制度，境內並無封君，〔註12〕對推行「縣制」本就較他國順利。商鞅變法時，只在全國實行縣制，後秦惠文王十年（328 B.C.），又在縣制上多加「郡」一級組織，「郡縣」二級制，遂成爲秦國定制。

實際上，在「縣」以下尚有「鄉、亭」的分級，統一後，秦國即將此「郡、縣、鄉、亭」的四級組織推廣到全國。秦始皇二十六年（221B.C.），分一統的天下爲三十六郡（《史記・秦始皇本紀》）之後，隨著軍事武力與領土的擴張，又分爲四十六郡。〔註13〕《史記・秦始皇本紀》載各郡一律置「守、尉、監」，這亦是中央三公分權分職的原則；守治民、尉典兵，監御史則監督百官及民眾。縣長官仍爲「令」（長），縣之下以鄉、亭爲單位，《漢書・百官公卿表》曰：「大率十里一亭，亭有長。十亭一鄉，鄉冈三老，有秩、嗇夫、游徼。……三老，掌教化；嗇夫，職聽訟、收賦稅；游徼徼循禁盜賊。」可見三老、嗇夫、游徼職責大致與郡的守、尉、監相仿。亭的組織有亭長、亭父、求盜各一人，《漢書・高祖本紀》應劭注云：「舊時亭有兩卒，一爲亭父，長開閉掃除，一爲求盜，掌逐捕盜賊。」

奠定中央集權的組織，推行郡縣制度，都使國君集軍事、政治、經濟大權於一身，貴族再無從分權，國家易於統治。《漢書・食貨志上》云：「及孝公用商鞅，壞井田，開阡陌，急耕戰之賞，雖非古道，猶以務本之故，傾鄰國而雄諸侯，然王制遂滅。」所謂「廢井田、開阡陌」就是廢封建、置郡縣，

〔註11〕如南郡守騰，西元前 230 年率兵攻韓，俘獲韓王安，後輦委任爲南郡守。見雲夢秦簡《編年紀》《南郡守騰文書》。

〔註12〕秦國封君只有租稅權，如商君十五邑、文信侯呂不韋食洛陽十萬戶等。到了後來，僅有封名，而無食邑，如秦始皇時的倫侯建成侯趙亥、倫侯昌武侯成、倫侯逢武信侯馮毋擇等。

〔註13〕關於此說，《史記・秦始皇本紀》、《漢書・地理誌》載三十六郡：《史記集解》也載三十六郡，但郡名與《漢書》不同。《晉書、地理誌》載四十郡；全祖望《漢書地理誌稽疑》載四十二郡；王國維〈秦郡考〉（載《觀堂集林》）認爲有四十八郡。但大陸學者譚其驤先生的考證、理由較爲詳實，故從此說，他說記而識之。見譚其驤：〈秦郡新考〉《浙江學報》第 2 卷第一期。

牟宗三先生說：「法家的工作主要在『廢封建、立郡縣』，將貴族的采地變為郡縣，以現代的話講就是變為國家的客觀的政治單位。」〔註14〕當郡縣制完成後，以往的封建制便可說應該要退出歷史的舞台，本文第二章第三節〈封建制度的崩壞〉曾提及，封建制的實行，在於國家統御機構的不完整所實行的宗族式政體，法家或是商學派，可說便是戰國以來形成獨一國家的呼聲中所產生的學派，當此集權式的政體出現後，若無一更完善的體制出現（如民主式政體），封建制的出現只會造成社會的動盪。《史記・秦始皇本紀》二十六年載：

> 丞相琯言：「諸侯初破，燕、齊、荊地遠，不為置王，毋以填以。請立諸子，唯上幸許」。始皇下其議於群臣，群臣皆以為便。廷尉李斯議曰：「周文、武所封子弟，同姓甚眾，然後屬疏遠，相攻擊如仇讎，諸侯更相誅伐，周天子弗能禁止。今海內賴陛下神靈一統，皆為郡縣，諸子功臣以公賦稅重賞賜之，甚足，易制，天下無異議，則安寧之術也。置諸侯不便」。始皇曰：「天下共苦戰鬥不休，以有王侯。賴宗廟，天下初定，又復立國，是樹兵也，而求其寧息，豈不難哉！廷尉議是」。分天下為三十六郡，郡置守、尉、監。

管東貴先生指出：李斯認為封建制之所以亡，在於「後屬疏遠」，其實不然。他認為周代封建制度解體，是由於社會環境已不適合封建制中的主幹精神－「宗法制」－繼續維持下去。〔註15〕所以，由於社會環境已不能回復到周時代的初期，漢朝承秦朝之後，視秦之所亡，大封天下而後有七國之亂，正是明證。

《史記・齊悼惠王世家》載主父偃對漢景帝說：「齊臨菑十萬戶，世租千金，人眾殷富，巨於長安。此非天子親愛子弟，不得王此。」這正是代表有識之士對「大都耦國」現象所表現的戒心。歷於各代，對封建制的評論，仍是對封建諸侯表示反對，唐顏師古在議論封建制時說：「分王諸子，勿令過大，間以州縣，雜錯而居，互相維持。使各守其境，協力同心，足扶京室……一定此制，歷代無虞。」（《資治通鑑》卷一九三）明初，葉伯巨亦評論道：「先王之制，大都不過三分之一，上下等差，各有定分，所以強幹弱枝，遏亂源

〔註14〕牟宗三：《中國哲學十九講》，（台灣：學生書局，1986年出版），頁178。
〔註15〕見管東貴：〈從李斯廷議看周代封建制的解體〉，中央研究院歷史語言研究所集刊，第六四本，第三份，頁639，1983年12月。

而崇治本耳。今裂土分封，使諸王各有分地，蓋懲宋、元孤立，宗室不競之弊。而秦、晉、燕、齊、梁、楚、吳、蜀諸國，無不連邑數十，城郭宮室亞於天子之都，優之以甲兵衛士之盛，臣恐數世之後，尾大不掉，然後削其地而奪之權，則必生觖望，甚者緣間而起，防之無及矣⋯⋯由此言之，分封逾制，禍患立生，援古證今，昭昭然矣。」（《明史・葉伯巨傳》）

關於商學派與郡縣制的關係，馬先醒先生說：「法家思想應乎富國強兵之需要而來，富國必重增產，增產必開阡陌，開阡陌則封疆井田壞。強兵當重用民間優秀份子，以增加兵源；當招徠工商，以提高戰力，故宗法貴賤之制壞。宗法、封建、井田制除了愈速，則國家愈集權，愈富強。此既為法家者流之基本企求，故法家反封建。封建既除，郡縣代興，故法家與郡縣制密不可分，法家勢愈張，則封建愈貧而郡縣益遍，郡縣益遍者，國力愈集中，益非保守封建者所能敵，終至封建全為郡縣所取代，法家盡取儒家地位而代之。」〔註 16〕秦自商鞅變法後，就朝著郡縣制的方向穩定發展，應奠基於商學派的主張無礙。

三、嚴定考課、明覺查察

隨著秦王朝極權統治系統的完善，改變了世官世襲制、封建制，建立起一套封建的官僚制度，從丞相到最下層官吏皆有定秩的俸祿，〔註 17〕自秦後歷二千年而基本未變。既然官僚制度成為秦王朝統治的中樞系統，為了發揮最高的統治效能，並且予以考核、升遷、任免等維護君主的集權地位，建立一套明確的考定秩度是商學派的法家責無旁貸的任務。

《尚書・舜典》載：「三載考績，三考黜陟幽明。注曰：九歲則能否幽明有別，黜退其幽者，生進其明者。」這即是古代官吏考核的雛形，時至戰國，在行政管理上已有考績制度的發明，《荀子・王霸篇》曾言「相」的工作就是考核眾官吏：「相者，論列百官之長，要百事之聽，以飾朝廷臣下百吏之分，度其功勞，論其慶賞，歲終奉其成功，以效於君。當則可，不當則廢。」這就是在戰國興起的官吏考課的制度：「上計」。

〔註16〕馬先醒：〈封建、郡縣之論爭與演進〉（《簡牘學報》、第一卷合訂本，1975 年 10 月。），頁 81。

〔註17〕漢承秦制，在《漢書・百官公卿表》中，明訂了各官職的俸祿，應可作為秦朝制度的參考。

　　上計之名見於戰國之時，《秦會要訂補‧職官上》曰：「上計之制，六國亦有之。魏文侯時，東洋上計，錢布十倍。見《新序‧雜事篇》。又西門豹為鄴令，期年上計，見《韓非子‧外儲說左篇》。又趙襄子之時，以任登為中牟令上計，言於襄子云云，見《呂氏春秋‧知度篇》。」〔註18〕所謂上計，即下對上呈報：

> 歲終，則令百官府各正其治，受其會。(《周禮‧天官‧大宰》) 受其會者，受其一歲公事財用之計。(《周官新義》)
>
> 三歲則大計群吏之治以知民之財，器械之數，以知田野夫家六畜之數，以知山林川澤之數，以逆（考核）群吏之徵令。(《周禮‧天官‧司書》)

　　上計的範圍十分廣泛，舉凡倉庫存量數目，墾田與賦稅，戶口統計，以及治安狀況都是「上計」的評等項目。也就是《商君書‧去彊篇》所說：

> 強國知十三數：境內倉府之數、壯男壯女之數、老弱之數、官士之數、以言取食者之數、利民之數、馬牛芻稿之數，地雖利，民雖眾，國愈弱至削。

每年中央與地方的首長，必須將今年的各種預算數字寫在「木卷」上，由國君一分為二，臣下執左，國君執右卷，到了年終，國君或丞相（前述《荀子‧王霸篇》）就可憑卷等地官原優劣，如《史記‧蕭相國世家》載：「秦御史監郡者與從事常辨之，何乃給給泗水卒史事第一（索隱：謂課最第一也）。秦御

史欲入言徵何，何固請，得毋行」。

　　值得注意的是，本文曾提到，國君與官吏皆爲治理國家的管理階層，立場卻不相同，《商君書・禁使篇》說：

> 吏雖眾，同體一也。夫事同體一者，相監不可。且夫利異而害不同者，先王所以爲保也。故至治，夫妻、交友不能相爲棄惡蓋非，而不害於親，民人不能相爲隱。上與吏也，事合而利異者也。今夫驥、虞以相監，不可，事合而利異者也。若使馬焉能言，則驥、虞無所逃其惡矣，利異也。利合而惡同者，父不能以問子，君不能以問臣。
> 吏之與吏，利合而惡同也。夫事合而利異者，先王之所以爲端也。

　　商學派認爲政府各級官吏的位階雖有不同，但對利益的追求卻是一致的，他們絕對和國君想要至治的立場互相衝突。既然官吏不可信任，又不得不用官吏管理，就必須制訂嚴明的法律來規定考核官吏。《商君書・愼法篇》曰：

> 固有明主忠臣產於今世，而能領其國者，不可須臾忘於法。破勝黨任，節去言談，任法而治矣。使吏非法無以守，則雖巧不得爲姦。使民非戰無以效其能，則雖險不得爲詐。夫以法相治，以數相舉者，不能相益，訾言者不能相損。……臣故曰：法任而國治矣。

商學派認爲，只有訂立明確的規範，才能使官吏發揮最大的效能，事實上，在出土的秦簡中，就有《語書》、《爲吏之道》及散見各篇的各式官吏法規，其中就明白規定以守法與否來定官吏之良莠，《語書》載：

> 良吏明法律令，是無不能殹（也）；有（又）廉絜（潔）敦愨而好佐上；以一曹事不足獨治殹（也），故有公心；有（又）能自端殹（也），而惡與人辨治，是以不爭書。惡吏不明法律令，不智（知）事，不廉絜（潔），毋（無）以佐上，繪（偷）隨（惰）疾事，易口舌……喜爭書。……若此者不可不爲罰。〔註19〕

此外，在秦簡其他法規中，在分類上，孔慶明先生將〈田律〉、〈金布律〉、〈廄苑律〉、〈倉律〉、〈關市律〉、〈工律〉、〈工人程〉、〈均工〉，列爲「經濟管理法規」；將〈軍爵律〉、〈置吏律〉、〈爲吏之道〉、〈除吏律〉、〈中勞律〉、〈效律〉、〈藏律〉、〈貲律〉、〈傳食律〉、〈行書〉、〈內史雜〉、〈魏雜律〉、〈屬邦〉、〈公車司馬獵律〉列爲「行政管理法規」；將〈魏戶律〉、〈魏奔命律〉、〈游士律〉、

〈傅律〉列為「身分戶籍法規」。〔註20〕這是由於只要任何有關於國家的行政事務，就必須有官吏的管理；只要有官吏的管理，就要有相關的法規保障國家的整體利益。

由於吏治是如此重要，秦王朝在對管理官吏的法規上，常是嚴格監察控管，對任用官吏的資格和失職的懲處十分嚴厲。在官吏的任用方面，除了要明法律令及守法外，尚有年齡的限制，如《內史雜》律規定：「除佐必當壯以上，毋除士伍新傅。」〔註21〕釋文云：「壯，壯年，古時一般指三十歲。」此外，對於受過刑罰的人排除在任官的標準之外，《商君書‧算地篇》云：「聖人之為治也，刑人無國位，戮人無官任。」此商學派的主張，在秦法中一樣得到證明，《除吏律》中載：「任法（廢）官者為吏，貲二甲。」其中〈為吏之道〉更列舉了吏之五善與吏之五失的行為，標明了官吏應具備的德行，其云：「凡為吏之道，必精絜（潔）正直，謹慎堅固，審悉毋（無）私，微密（纖）察，安靜毋苛，審當賞罰。」〔註22〕由此可見秦王朝對官吏的重視及要求之高。

在另一方面，秦律中對失職官員的懲處十分嚴厲，官吏觸犯法令叫做「犯令」；而官吏於職責當作之事未做，叫做「廢令」，也就是瀆職。《法律答問》云：

> 律所謂者，令曰勿為，而為之，是謂「犯令」。令曰為之，弗為，是謂「法（廢）令」殹（也）。法（廢）令、犯令，還免、徒不還？還之。〔註23〕

由於秦朝對吏治的要求極高，所以其官吏表現十分傑出。秦律之內容以刑律為主，在斷案治獄方面，一般採「無罪推定」原則，即起訴時，如未能掌握足夠犯罪證據，不得對刑事被告人用刑，《雲夢秦簡‧封診式》說：

> 治獄，能以書從其言，毋治（笞）諒（掠）而得人請（情）為上；治（笞）諒（掠）為下；有恐為敗。
>
> 凡訊獄，必能先盡聽其言而書之，各展其辭，雖智（知）其訑，勿庸輒詰、其辭已盡書而毋（無）解，乃以詰者詰之。詰之有（又）

〔註20〕見孔慶明：《秦漢法律史》（大陸：陝西人民出版社，1992 年 3 月第一版），頁31。

〔註21〕《睡虎地秦墓竹簡、秦律十八種》戊午年本（台北：里仁書局，1981 年 11月版），頁 380。

〔註22〕《睡虎地秦墓竹簡》戊午年本，頁 301。

〔註23〕《睡虎地秦墓竹簡》戊午年本，頁 478。

盡聽書其解辭,有(又)視其他毋(無)解者復詰之。詰之極而數
訑,更言不服,其律當治(笞)諒(掠)者,乃治(笞)諒(掠)。
治(笞)諒(掠)之必書曰:爰書:以某數更言,毋(無)解辭,
治(笞)訊某。〔註24〕

在斷案之前,不得有先入為主的觀念,不可立刻對被告用刑訊的手段;而在
訊問的過程中,仔細發現被告與控告人之間言論的衝突,兩造言詞互相比較,
如發現被告供詞不實,則司法官吏可步步進逼,甚至採用刑訊。雖然刑訊在
今日無法接受,但在當時恐怕是常用的手段,秦之司法官吏對選擇刑訊的避
免,較符合現代辦案的精神。基本上,秦律為人稱道的在於刑事勘驗技術,
秦官吏檢查勘驗案情已有一定的科學水準,其勘驗技巧之熟練與精確,與現
代科學辦案實不遑多讓,〔註25〕但其刑法之嚴,又非後世所能比擬(關於秦
律之嚴,在後文將論及)。

第二節　經濟方面

　　隨著秦王朝領土的擴張,與戰國時期以來農業、手工業及商品經濟的進
步,秦國的經濟活動就越活絡,但是,由於受時代及觀念所限制,商學派所
認可的經濟活動只有提倡農業,商人或商業行為不受商學派所接受。在第四
章〈強國之術的各項方案〉提到,商學派的經濟政策是極端的重農主義;而

〔註24〕《睡虎地秦墓竹簡、封診式》戊午年本(台北:里仁書局,1981年11月版),
　　　　頁510。
〔註25〕如《封診式、經死》爰書載:某里典甲曰:「里人士五(伍)丙經死其室,不
　　　　智(知)故,來告。即令令使某往診。令史某爰書:與牢隸臣某即甲、丙妻、
　　　　女診丙。丙死(屍)縣其室東內中北廦權,南鄉(向),以枲索大如大指,旋
　　　　通係頸,旋終在項。索上終權,再周結索,餘末袤二尺。頭上去權二尺,足
　　　　不傅地二寸,頭北(背)傅癖,舌出其唇吻,下遺矢弱(溺),污兩卻(腳)。
　　　　解索,其口鼻氣出渭(喟)然。索跡椒(椒)鬱,不周項二寸。它度毋(無)
　　　　兵刃木索跡。權大一圍,袤三尺,西去堪二尺,堪上可道終索。地堅,不可
　　　　智(知)人跡。索袤丈。衣絡禪襦、帬各一,踐□。既令甲、女載丙死(屍)
　　　　詣廷。診必先謹審視其跡,當觸抵死(屍)所,即視索終,終索黨有通跡,
　　　　乃視舌出不出,頭足去終所及地各幾可(何),遺矢弱(溺)不殹(也)?乃
　　　　解索,視口鼻渭(喟)然不殹(也)?及視索跡鬱之狀。道索終所試脫頭:
　　　　能脫,乃□其衣,盡視其身、頭髮中其簦。舌不出,口鼻不渭(喟)然,索
　　　　跡不鬱,索終急不能脫,□死難審殹(也)。節(即)死久,口鼻或不能渭(喟)
　　　　然者。自殺者必有先故,問其同居,以和(答)其故。」

從另一方面言，就是排抑商人。〈壹言篇〉云：

> 凡將立國，制度不可不察也，治法不可不慎也，國務不可不謹也，
> 事本不可不摶也。
>
> 夫聖人之立法、化俗，而使民朝夕從事於農也，不可不知也。

「重視農業，排抑商人」，這個政策論點的根基有三，第一、經濟上的理由，便是要藉重農以富國；第二、政治上的理由，便是要藉重農使民樸壹易治；第三、軍事上的理由，便是要藉重農以強兵。〔註26〕〈農戰篇〉云：

> 聖人知治國之要，故令民歸心於農。歸心於農，則民樸而可正也，
> 紛紛則易使也，信可以守戰也。

總結戰國以來秦國農業興盛的原因有三，一、大規模耕地的開發與取得，二、牛耕及鐵製農具的使用，三、水利灌溉工程的進步，現分述如下：

一、大規模耕地的開發與取得

在商鞅變法後，秦國雖已富強，但似乎仍苦於土地廣大、人口不足的窘境。〈徠民篇〉說：「今秦之地，方千里者五，而穀土不能處二，田數不滿百萬，其藪澤、溪谷、名山、大川之財物、貨寶，又不盡為用，此人不稱土也。」而〈算地篇〉也說：「凡世主之患，用兵者不量力，治草萊者不度地。故有地狹而民眾者，民勝其地；地廣而民少者，地勝其民。」〔註27〕當時秦國境內未開墾的土地很多，而緊鄰秦國的三晉人民「土狹而民眾」、「上無通名，下無田宅，而恃姦務未作以處。」（〈徠民篇〉）與秦國境內人民「不足以實其土」的情況相反，所以秦國設法利誘三晉之民入秦耕作。〈徠民篇〉說：

> 今王發明惠，諸侯之士來歸義者，今使復之三世，無知軍事。秦四竟
> 之內，陵、阪、丘、隰，不起十年徵，著於律也。足以造作夫百萬。
> 曩者臣言曰：「意民之情，其所欲者田宅也，晉之無有也信，秦之有
> 餘也必。若此而民不西者，秦士戚而民苦也。」今利其田宅，而復之
> 三世，此必與其所欲，而不使行其所惡也。然則山東之民無不西者矣。

除了秦國本土外，秦在惠文王時取得巴、蜀二國，更是大大地增加秦國良田的面積。巴，以現今的重慶為中心，有四川東部諸地；蜀，以現今成都為中心，有四川西部諸地。巴、蜀二地自古農業發達，土地肥美，有「天府

〔註26〕見陳啟天：《商鞅評傳》〈商鞅的重農主義及其田制〉，頁77。
〔註27〕從本文第一章得知，此二篇大約作於戰國中晚期。

—77—

之國」之稱，納入秦國版圖後，秦國的耕地猛然暴增，《史記・貨殖列傳》稱秦：「南有涇、渭之沃，善巴、漢之饒」，這是秦國農業得以發展的原因之一。

二、牛耕及鐵製農具的使用

從出土文物可知，[註 28] 春秋後期晉國的牛都已穿有鼻環，證明已有用牛從事農作勞動，《呂氏春秋・重己篇》載：「使五尺豎子引其棬，而牛恣所以之，順也。」所謂的「棬」就是指牛鼻環。再者，從古人名字亦可看出端倪，如孔子弟子冉耕字伯牛、司馬耕字子牛等，皆可證明牛耕的出現。

到了戰國，牛耕的使用也成為先進地區的象徵，據《戰國策・趙策》載：「……且秦以牛田，水通糧，其死士列於上地，令嚴政行，不可與戰。」從趙人趙豹對趙王勸說秦不可與戰的原因中，牛耕也列為原因之一，可見秦國當時確實用牛耕田。秦律〈廄苑律〉載：「以四月、七月、十月、正月膚牛田」，負責餵養牛隻的嗇夫、牛長，一年之中有四次評比，有獎有罰，可見秦國對牛耕的重視。

鐵製工具的廣泛使用，與冶鐵技術的進步有關。在春秋戰國之交，鑄鐵（即生鐵）冶煉技術和鑄鐵柔化技術的發明，標誌著鐵製工具的時代來臨。這些進步的鑄造技術，比歐洲早了一千九百多年，也為農業生產及水利工程的進步提供了成功的保證。

三、水利灌溉工程的進步

早在春秋之時，各國已重視水利興修與農業生產及運輸的關連。如吳國曾築「邗溝」與「菏水」（《漢書地理志・江都縣注》）連結長江水系和黃河水系，到了戰國時，魏國鄴縣令西門豹曾開十二條渠「引漳水灌鄴」（《史記・河渠書》），都取得很大的成果，但似乎都不及秦國水利工程來的成功。

秦國水利工程主要有兩項：岷江水利工程（又名都江堰）及鄭國渠。

秦昭王時，蜀郡守李冰，鑑於岷江沿岸高山深谷，水流湍急，對下游成都平原常造成危害，就在岷江中游、今灌縣西邊，鑿開與虎頭山相連的「離堆」，在離堆上游修築分水堤和湃水壩（又稱寶瓶口和飛砂堰），將岷江分為

[註28] 「牛尊」，1923 年山西省混源縣李峪村晉墓出土。見《混源彝器圖、中國古青銅選》，《上海博物館藏青銅器》著錄。此物現藏上海博物館，高三米、七釐米，牛鼻穿有鼻環，背上有三個圓孔，每個圓孔上安放有鍑（鍋子），是溫酒用的器具。

內江和外江兩支，並築有水門調節兩江水量，〔註29〕使得成都平原的耕地面積大爲增加，《華陽國志・蜀志》載：都江堰「灌溉三郡，開初田，於是蜀沃野千里……天下謂之天府也」。

由於秦國關中地區渭河流域雨量少，常發生旱災，許多鹽鹵地，不利農作物生長。秦始皇元年（264bc），韓國爲了消耗秦國國力，派水工鄭國遊說秦國修築引涇水灌溉，後名爲「鄭國渠」。此工程從仲山（今陝西省涇陽縣西北）引涇水向東注入洛水（詳見《水經沮水注》），全長三百多公里。完工後，《史記・河渠書》載：「用注填淤之水，溉澤鹵之地四萬餘頃。」《史記・貨殖列傳》載：「關中自汧雍以東，至河華，膏壤沃野千里。」

秦國的農業興盛，還表現在對農業生產的專門性著作上，《呂氏春秋》中的〈上農〉、〈任地〉、〈辯土〉、〈審時〉的四篇著作，是中國最古的農業專書。〈上農〉主要論述農業政策，其他三篇則是對農具的使用、土地利用、排水洗土，以及時令、蟲害等問題作系統的討論。

再者，《漢書・食貨誌》載戰國初年李悝曾推算一個農夫的生產力：「一夫挾五口，治田百畝。」這是說一個農夫養五口之家，是基本的水平，到了戰國末年，隨著農業生產的進步，許多地區已經超過這個水平。據《呂氏春秋・上農篇》載：秦國「上田夫食九人，下田夫食五人，可以益，不可以損，一人治之，十人食之，六畜皆在其中矣。」耕種上田的農夫可以養活十人，並且「六畜在其中」，可見秦國農業生產力的旺盛。

由於農業生產力的旺盛和春秋戰國以來人口、科技、文化、交通等各方面的發展，各國的經濟活動頻繁，商業、貨幣及城市經濟的發展快速，秦國自不例外。其經濟活動頻繁之明證，筆者認爲最重要的代表物就是貨幣的使用。

在商品經濟初發展的階段中，乃以自然產品作爲交換，也就是以物易物，當經濟發展較爲成熟，貨品的價值就可透過貨幣表現。以戰國各國爲例，除了黃金爲各國通行的貨幣外，各諸侯國都有以黃銅製造的貨幣：如齊國的刀幣，三晉的布幣，楚國的銅貝等。〔註30〕秦國自秦惠文王二年（336bc）「初行錢」以來，〔註31〕就以圓形、中孔，文爲半兩的固定形式做爲貨幣。

〔註29〕見《史記・河渠書》、《華陽國志、蜀志》、《水經江水注》。
〔註30〕見楊寬：《戰國史》第三章〈春秋戰國間手工業和商品經濟的發展〉，頁133。
〔註31〕見《史記・秦始皇本紀》、《史記・六國年表》。

在貨幣進入交易市場後，經濟活動更為頻繁，各種農產品及手工業產品都可用貨幣交易，在雲夢秦簡中的〈田律〉、〈倉律〉、〈金布律〉中，記載著一些「商品」的價格，如禾粟一石值三十錢，豬、羊之類的小畜每頭約值二百五十錢左右，枲（大麻）十八斤值六十錢等。而《法律問答》、《秦律十八種》更記載了，盜竊一百一十錢，要「耐為隸臣」；盜竊值六百六十錢，就要「黥為城旦」；盜採桑葉不盈一錢，貲徭三旬等等，從秦律法對竊盜犯判刑的輕重，由被竊物品的價值多少來決定可知，貨幣在當時日常生活的效用。

由於貨幣使用的廣泛性及重要性，秦國嚴禁人民私自鑄造，統一由政府發行，《治獄程式》載：「某里士五（伍）甲、乙縛詣男子丙、丁及新錢百一十錢，容二合，告曰：丙盜鑄此錢，丁佐鑄，甲、乙補索其室，而得此錢容……。」此外，政府所鑄造的貨幣，不論精粗，都強迫人民使用，〈金布律〉載：「百姓市用錢，美惡雜之，勿敢異」。

由於商品經濟的發達，各種投機致富的商人一一出現，在秦國，有開發丹穴而致富的巴寡婦清，有靠畜牧而致富的烏氏（今寧夏省固原縣東南）倮，秦始皇為前者建築「女懷清台」，後者「令倮比封君，以時與列臣朝請」（《史記‧貨殖列傳》），為的就是他們為秦國帶來極大的經濟利益；而「陽翟大賈」呂不韋更以「家累千金」的大商人，一度掌握秦國的政軍大權（《史記‧呂不韋列傳》），更證明了商人及商業行為在秦國的活躍。

總言之，在農業興盛的基礎下，秦國其他方面的經濟活動也十分頻繁，但卻使商學派所厭惡的商人及商業行為興盛，這是整個經濟活動的必然發展，商學派卻只著眼於政治的角度來抑制商人，其著眼點是錯誤的。換言之，整體經濟的發展是當時手工業及農業的發達，以及交通往來的便利的成果，農業的興盛只是提供了經濟體系裡其他方面成長的基礎之一，並非是絕對的因素，在此前提下，商人及商業行為的興盛是整個經濟發展的趨勢，商學派一方面高舉重農的大旗，一方面抑制重農成果的發展，不但在立論上產生矛盾，其施行的結果也必定失敗。

第三節　軍事方面

前文提到，商學派極端注重「國力」；在經濟方面是消極的充實國力基礎，在軍事方面則是積極的侵略其他國家。這是商學派「尚力」歷史觀念的發展，

〔註32〕〈更法篇〉所言：「三代不同禮而王，五霸不同法而霸。故知者作法，而愚者制焉；賢者更禮，而不肖者拘焉。」戰國以來，各國莫不以耕戰為治國首要之務，奢談仁義只會招致滅亡，所以就商學派而言軍事力量的要求重於一切，無論在政治、經濟、及社會方面的成果必須由軍事力量所展現，以下即分述商學派的法治思想對秦國軍事之影響。

一、軍權集中，提倡首功制

　　〈修權篇〉云：「國之所以治者三：一曰法，二曰信，三曰權。法者，君臣之所共操也；信者，君臣之所共立也；權者，君之所獨制也。」商學派在政治上講求絕對的尊君體制，主張國家的軍政大權必須掌握在國君手裡。戰國時，各國對國君調動軍隊的權力發展出一套模式，也就是璽符制度的建立，當國君委任統兵將領時，將領必須擁有左半的「虎符」，右半由國君收執，凡用兵五十人以上者必須有國君另一半的虎符來會合。《史記·信陵君列傳》曾載魏國信陵君救趙時，就必須先遣人竊取魏王所執的虎符來假造出兵的命令，否則是無法取得軍隊的指揮權的。秦國軍制的出土文物可知即是如此，據王國維先生考證之新郪虎符，就是戰國末年秦攻打魏地新郪（今安徽省太和縣北）所造，其銘文曰：

> 甲兵之符，右才（在）王，左才新郪。凡興士被甲，用兵五十人以
> 上，必會王符，乃敢行之；燔燧事，雖母（毋）會符，行殴（也）。
> 〔註33〕

　　另外，秦始皇九年（238bc）長信侯嫪毐作亂，曾假造秦王玉璽與秦太后玉璽來行文徵發兵士，可知調動秦國地方上的縣卒和衛卒，也可由有蓋著國君「玉璽」的公文來徵調。無論是「虎符」或「玉璽」，都是由秦國國君所執，此可看出軍隊徵調的權力集中，國君是全國軍隊的最高統帥。

　　再者，對於軍功的獎懲，秦國一直秉持商學派「壹賞而爵尊」的原則，〈賞刑篇〉曰：「所謂壹賞者，利祿、官爵摶出於兵，無有異施也。夫固智愚、貴賤、勇怯、賢不肖，皆盡其胸臆之知，竭其股肱之力，出死而為上用也。天

〔註32〕〈開塞篇〉言：「民愚則知可以王，世知則力可以王。」、「故神農教耕而王天下，師其知也；湯、武致強而征諸侯，服其力也。」、「故以王天下者并刑，力征諸侯者退德」。

〔註33〕見《觀堂集林》卷8〈秦新郪虎符跋〉。

下豪傑賢良，從之如流水，故兵無敵，而令行於天下。」

「夫農，民之所苦；而戰，民之所危」（〈算地篇〉）要人民勞動雖苦不至於亡，故民尙能勤勉於是；要人民捨身樂戰，忘卻生命的可貴，商學派認爲非用重賞，否則不足以成事。國君或主政者對戰士的賞賜要豐厚，〈境內篇〉曾載商學派對賞賜實際內容的規定：

> 能攻城圍邑，斬首八千以上，則盈論；野戰，斬首二千，則盈論。
> 吏自操及校以上大將盡賞。行間之吏也，故爵公士也，就爲上造也；
> 故爵上造，就爲簪裊；就爲不更。故爵爲大夫，爵吏而爲縣尉，賜
> 虜六，加五千六百。爵大夫而爲國治，就爲大夫；故爵大夫，就爲
> 公大夫；就爲公乘；就爲五大夫，則稅邑三百家。故爵五大夫，皆
> 有賜邑三百家，有賜稅三百家。爵五大夫有稅邑六百家者，受課。
> 大將、御、參皆賜爵三級。
>
> 能得甲首一者，賞爵一級，益田一頃，益宅九畝，除庶子一人，乃
> 得人官兵之吏。

在本文第四章〈強國之術的各項方案〉曾歸納出，商學派「壹賞」的方法是按照功勞的大小按級進爵，除了官爵外，尙有租稅可收，而功勞的大小端視斬首之數，得甲首者賞賜更豐。〔註34〕《韓非子・定法篇》載：「商君之法曰：斬一首者爵一級，欲爲官者爲五十石之官。斬二首者爵二級，欲爲官者爲百石之官。官爵之遷，與斬首之功相稱也。」其軍功之證可由《史記・秦始皇本紀》的記載得到證明：

> （秦始皇）九年，嫪毐作亂而覺，……王知之，令相國昌平君，昌
> 文君發卒攻毐。戰咸陽，斬首數百，皆拜爵，及宦者皆在戰中，亦
> 拜爵一級。

這種由軍功進爵的方式實施的十分徹底，〔註35〕《史記・商君列傳》載：「宗

〔註34〕甲首，在本文第四章曾提到，是敵方統兵將領。關於「甲首」的問題，杜正勝曾舉《新序・義勇篇》載卞莊子的故事證明「甲首」並非一般兵吏。〈義勇篇〉云：「卞莊子好勇，養母，戰而三北，交遊非之，國君辱之。及母死，三年冬，與魯戰，卞莊子請從，見於魯將軍曰：『初與母處，是以北，今母死，請塞責而神有所歸。』遂赴敵，獲一甲首而獻之，曰：『此塞一北。』又入，獲一甲首而獻之，曰：『此塞在北。』又入，獲一甲首而獻之，曰：『此塞三北。』」由卞莊子獲三甲首而洗雪三次敗北的取辱來推斷，可知甲首並非指一般的戰鬥人員。杜正勝：〈從爵制論商鞅變法所形成的社會〉。

〔註35〕其爵制就是本章第一節所引的《漢書・百官公卿表》：「爵：一級曰公士，二

室非有軍功，論不得爲屬籍。明尊卑爵秩等級，各以差次。名田宅臣妾衣服，以家次。有功者顯榮，無功者，雖富無所芬華。」宗室貴族在此一規定下無法取得昔日在宗法制度下的優勢地位，國君的地位相對地鞏固起來。但這種方式有人不當其能之弊，同是法家派的韓非就提出批評說：「今有法曰：斬首者，令爲醫、匠，則屋不成，而病不已。夫匠者，手巧也，而醫者，劑藥也。而以斬首之功爲之，則不當其能。今治官者，智能也。今斬首者，勇力也。以勇力之所加，而治智能之官，是以斬首之功爲醫匠也」。（《韓非子·定法篇》）

「首功制」雖有缺陷，但無礙地提升秦國尚武的風氣，使人民聞戰則喜，更有爭敵首而訴訟的情況，睡虎地秦簡曾記載二個案例：

奪首 軍戲某爰書：某里士五（伍）甲縛詣男子丙，及斬首一，男子丁與偕。甲告曰：「甲，尉某私吏，與戰刑（邢）丘城。今日見丙戲㯭，直以劍伐痍丁，奪此首，而補來詣。」診首，已診丁，亦診其痍狀。〔註36〕

□□ □□某爰書：某里士五（伍）甲、公士鄭才（在）某里曰丙共詣斬首一，各告曰：「甲、丙戰刑（邢）丘城，此甲、丙得首殹（也），甲、丙相與爭，來詣之。」〔註37〕

相信這種爭奪首功的情況必然時有所聞，這是因爲「首功制」不但與個人的榮辱有關，更可爲親人贖罪，在秦嚴屬律法使得人民動輒得咎的情況下，更顯的重要，《秦律雜抄》曾載：

欲歸爵二級以免親父母爲隸臣妾者一人，及隸臣斬首爲公士，謁歸公士而免故妻隸臣妾一人者，許之，免以爲庶人。〔註38〕

秦國軍力在提倡「首功制」之下，的確保持著旺盛的戰鬥力，山東六國無法與之相比。

二、武力至上，實行全國徵兵制

戰國末期，戰爭規模擴大，動輒數十萬人力投入一場戰役中，商學派的

上造，三簪裊，四不更，五大夫，六官大夫，七公大夫，八公乘，九五大夫，十左庶長，十一右庶長，十二左更，十三中更，十四右更，十五小上造，十六大上造，十七駟車庶長，十八大庶長，十九關內侯，二十徹侯」。

〔註36〕見《封診式》：《睡虎地秦墓竹簡》戊午年本，頁519。
〔註37〕見《封診式》：《睡虎地秦墓竹簡》戊午年本，頁520。
〔註38〕見《秦律雜抄》：《睡虎地秦墓竹簡》戊午年本，頁410。

主張亦與之相應，強調全民皆兵，使秦國上下成為一個龐大的戰鬥體系。對此，商學派為全國皆兵的政策作一論點，〈畫策篇〉說：

> 名尊地廣以致於王者，何故？戰勝者也。名卑地削以致於亡者，何故？戰罷者也。不勝而王，不敗而亡，自古至今未嘗有也。民勇者，戰勝；民不勇者，戰敗。能壹民於戰者，民勇；不能壹民於戰者，民不勇。聖王見王之致於兵也，故舉國而責之於兵。入其國，觀其治，民用者強。奚以知民之見用者也？民之見戰也，如惡狼之見肉，則民用矣。凡戰者，民之所惡也，能使民樂戰者王。強國之民，父遺其子，兄遺其弟，妻遺其夫，皆曰：「不得，無返。」又曰：「失法離令，若死我死。」鄉治之，行間無所逃，遷徙無所入。行間之治連以五，辨之以章，束之以令，掘無所處，罷無所生。是以三軍之眾，從令如流，死而不旋踵。

這種「舉國責之於兵」的論點，是有現實基礎的，當時各國為應付戰爭，投入的兵額常超過十萬人。各國的兵力大約如下：

（一）齊國　有帶甲數十萬。（《戰國策‧齊策一》引蘇秦語）。

（二）楚國　有帶甲百萬，車千乘，騎萬匹。（《戰國策‧楚策一》策士引蘇秦語、〈秦策三〉蔡擇語、《史記‧楚世家》頃襄王十八年弋射者語）。

（三）燕國　有帶甲數十萬，車七百乘，騎六千匹。（《戰國策‧燕策一》策士所造蘇秦語）。

（四）秦國　有帶甲百萬，車千乘，騎萬匹。（《戰國策》〈秦策一〉、〈韓策一〉、〈楚策一〉張儀語、〈秦策三〉范睢語）。

（五）韓國　除了防守邊疆關塞以外，「見卒不過二十萬」。（《戰國策》〈韓策一〉策士所造張儀語、〈韓策一〉蘇秦說「有帶甲數十萬」）。

（六）趙國　有帶甲數十萬，車千乘，騎萬匹。（《戰國策‧趙策二》策士所造蘇秦語）。

（七）魏國　有帶甲三十萬或三十六萬，防守邊疆或輜重部隊十萬。（《戰國策》〈魏策一〉張儀語、〈魏策三〉須賈語）。魏國最強大時期，有「武力二十萬，蒼頭二十萬，奮擊二十萬，廝徒十萬，車六百乘，騎五千匹」。（《戰國策‧魏策一》策士所造蘇秦語）。

從上引資料可知，秦國軍隊數目是最多的，就現實而言，這些數目指的並不是國家常備軍，而是一個國家可動員的總人力。以秦國而言，秦國軍隊就分成中央正規軍及地方軍；在戰爭中，以正規軍作為主力，以地方軍作為補充。

由於郡縣制的實施，各國皆以郡縣為單位來徵兵，早在春秋末年，以縣為單位的兵力就很可觀。《左傳》成公六年載：楚國設申、息二縣後，晉國南下遇到嚴重障礙。楚共王六年，晉軍侵蔡，楚公子申等以申、息之師救蔡，晉、楚兩軍遇於桑隧。欒武子欲戰，知莊子等諫曰：「成師以出，而敗楚之二縣，何榮之有焉？昔不能敗，為辱已甚，不如還也。」以二縣之兵力可抵禦晉國之軍隊，其軍力可想而知。另外，《左傳》成公七年載：「楚圍宋之役，師還，子重請取申、呂以為賞田。王許之。申公巫臣曰：『不可。此申、呂所以邑也，是以為賦，以御北方。若取之，是無申、呂也，晉、鄭必至於漢』，王乃止。」「賦」指的就是「量入修賦，賦甲兵、徒兵、甲盾之屬」（《左傳》襄公二十五年），到了戰國，各國中央也用縣制徵兵，齊國、韓國等所謂「帶甲數十萬」，以至秦國「帶甲百萬」，就是這樣推算的。

以秦國而言，秦國男子自傅籍（十五歲登記戶籍）後，國家即可隨時調遣，雲夢秦簡《編年紀》的主人喜，曾在秦始皇三年、四年、十三年參軍，戰役結束後始可返回。而喜又曾為官吏，對照《史記・秦始皇本紀》載：秦始皇十一年（236B.C.）「王翦攻閼與、橑陽，皆併為一軍。翦將十八日，軍歸，斗食以下什推二人從軍。」證明小官吏仍須服兵役，只有爵位較高的官吏才可免役：秦爵「第四級為不更」，「不復與凡更卒同也」〔註39〕即是。

秦國在政治上以強而有力的統治管理軍隊，並且重賞軍功來鼓動人民好戰的氣息；在經濟上用雄厚的經濟基礎，作為龐大戰爭費用的堅實後盾，使得秦國軍隊所向披靡，如《荀子・議兵篇》載，魏國考選武卒的條件是，「衣三屬之甲，操十二石之弩，負矢五十個，置戈其上，冠胄帶劍，贏三日之糧，日中而趨百里」，這樣的士卒在秦國軍隊面前仍不堪一擊，當時遊說之士曾描寫秦國軍力的強大說：「秦帶甲百萬，車千乘，騎萬匹，虎摯之士，跿跔缺字科頭、貫頤奮戟者，至不勝計也。秦馬之良、戎兵之眾，探前趹後，蹄間三尋者，不可稱數也。山東之卒，被甲蒙胄以會戰，秦人捐甲徒裎以趨敵，左挈人頭，右狹生虜。夫秦卒之與山東之卒也，猶孟賁之與怯夫也；以重力相壓，猶烏獲之與嬰兒也；夫戰孟賁、烏獲之士，以攻不服之弱國，無以異於墮千

〔註39〕見《後漢書、百官誌》引劉紹〈爵制〉。

鈞之重，集於鳥卵之上，必無幸矣。」〔註40〕由此看來，商學派重力的法治主張在秦國的軍事方面，無疑地呈現出一項成果極為豐碩的成就。

第四節　社會方面

戰國中晚期時，有關秦國社會情況，荀子曾描寫道：「入境，觀其俗，其百姓樸，其聲樂不流污，其服不挑，甚畏有司而順，古之民也。及都邑官府，其百吏肅然，莫不恭儉敦敬，忠信而不楛，古之吏也。入其國，觀其士大夫，出於其門，入於公門；出於公家，歸於其家，無有私事也；不比周、不朋黨，偶然莫不明通而公也，古之士大夫也。觀其朝廷，其朝閒，聽決百事不留，恬然如無治者，古之朝也⋯⋯故曰：佚而治，約而詳，不煩而功，治之至也，秦類之矣。」（《荀子・彊國篇》）從荀子的話來看，秦國社會是純樸而有秩序的，亦可見商學派的成效。在商學派改革後秦國富強，故後世對商學的讚譽頗多，如《韓非子・和氏篇》：「楚不用吳起而削亂，秦行商君法而富強」等，到了漢朝，雖儒家當政，仍對商學極為推崇，《鹽鐵論・申韓篇》就載：「夫善為政者，弊而補之，決而塞之，故吳子以法治楚魏，申商以法彊韓秦也。」然而從本文〈商學派的法治主張〉中可以看出，《商君書》的各篇作者並未考慮到人民的立場，純粹地只為統治階層服務；而連年征戰，更使得民眾陷於水深火熱之中，《呂氏春秋》載：「當今之世濁甚矣，黔首之苦不可加矣」（〈振亂篇〉），本章節即探討在商學派的法治思想引導下，秦國人民社會真實的狀況。

一、秦王朝以重刑連坐統御人民

商學派對於統治人民的法治主張，主要是認為用嚴刑峻法使人民服從。〈去彊篇〉說：

> 故行刑重其輕者，輕者不生，則重者無從至矣，此謂治之於其治也。行刑，重其重者，輕其輕者，輕者不止，則重者無從止矣，此謂治之於其亂也。故重輕，則刑去事成，國強；重重而輕輕，則刑至而事生，國削。

刑罰當重而重，當輕而輕，根本不能止刑治亂，只有輕罪重刑，法律才能如

火一般使人民不敢輕犯。商學派這種輕罪重刑的政治主張確實地反映在統治人民的生活中，形成秦律的二個特點，試述如下：

（一）秦律範圍十分廣泛，如《法律答問》載：

> 公祠未闋，盜其具，當貲以下耐爲隸臣。

又

> 或盜采人桑葉，臧（贓）不盈一錢，可（何）論？貲繇（徭）三旬。
> 〔註41〕

若有人偷盜公有祠堂之物，原本應處貲罰以下的罪，改成處「耐爲隸臣」（奴隸的一種）；而盜采桑葉不值一錢，被處罰出勞役三十天。猶有甚者，對於人民穿鞋的式樣也有規定，如《法律答問》載：

> 毋敢履錦履……律所謂者，以絲雜織履，履有文，乃爲錦履，以錦
> 緣履不爲。〔註42〕

由上例可以想見其他，故《鹽鐵論·刑德篇》才評論曰：「秦法繁於秋荼而網密於凝脂」，就是形容秦法所包含的範圍太過廣泛，人民動輒得咎。

（二）刑罰種類繁多

若要證明商學派「重其輕者」的刑罰主張一直是秦國律法的中心，從刑罰的種類之多可以得知，劉海年先生根據史籍及秦簡律文，將秦之刑罰分爲十二類：一、死刑；二、肉刑；三、徒刑；四、笞刑；五、髡、耐刑；六、遷刑；七、貲；八、贖刑；九、廢；十、誶；十一、連坐；十二、收。他說：「不僅這十二種刑罰輕重不同，在同一種刑罰內，又按處死的方式、對肢體殘害的部分、鞭笞多少、刑期長短、遷徙遠近和貲罰金錢數目等，分爲不同的等級。秦律還規定，各種刑罰既可單獨使用，也可以兩種、甚至三種結合使用。這樣不同刑種的排列組合，就在秦的司法實踐中，使本來種類以相當多的刑罰更加名目繁多，使本來已很殘酷的刑制更加殘酷。」〔註43〕

以死刑〔註44〕爲例，就分爲「戮」、「磔」、「棄市」、「定殺」、「生埋」、「腰斬」、「梟首」、「車裂」、「鑿顚」、「射殺」、「醢烹」、「賜死」、「囊撲」、「族」、

〔註41〕《睡虎地秦墓竹簡》戊午年本，頁429。
〔註42〕出處同前注。
〔註43〕見劉海年：《雲夢秦簡研究》〈秦律刑罰考析〉，頁203。
〔註44〕見傅榮珂：《秦簡律法研究》，（台灣師範國文研究所博士論文，1996年6月），頁187到203。

「具五刑」〔註45〕等，足以想見秦律法中的殘酷。

值得注意的是，秦律法中，除了以重刑為其特色外，更重要的是「告奸連坐」制度的實施，《史記・商君列傳》載：商鞅「令民為什伍而相牧司連坐，不告奸者，腰斬；告奸者與斬敵首同賞；匿奸者與降敵同罰。」這種獎勵告奸的連坐制度，使民眾互相糾察監視，是秦國最有效率的統治術。以民眾之耳目為政權耳目的作法，由於成果卓著，配合秦國「什伍」制的戶籍法規，在秦國各層級的組織上都積極地實施，〔註46〕主要有以下二方面：

（一）在政府官員的組織上

《商君書・賞刑篇》載：「守法守職之吏有不行王法者，罪恐不赦，刑其三族。周官之人，知而訐之上者，自免於罪，無貴賤，尸襲其官長之官爵田祿。」政府官員是政權的第一線，政權能否順暢的運作全繫於此，故「告奸連坐」制必須嚴格實施；秦律規定官吏若有罪，其上級亦受連坐處分，如《效律》載：

> 尉計及尉官吏節（即）有劾，其令、丞坐之。如它官然。〔註47〕
>
> 同官而各有主殹（也），各坐其所主。官嗇夫免，縣令令人效其官，官嗇夫坐效以貲，大嗇夫其丞相除。縣令免，新嗇夫自效殹（也），故嗇夫及丞皆不得除。〔註48〕

前一條文說縣尉的會計及縣尉下屬官吏有罪刑時，其上級的縣令或縣丞會被連坐處罰；後者明載，若官吏有罪，即使去官不在位後，仍無法免其刑責，其上級的官吏亦然。如《史記・秦始皇本紀》載呂不韋和嫪毐以謀反罪受誅後，與二人有關連之官吏連坐，多達千餘家。〔註49〕

此外，為防止官員間串連勾結、私心自用，對保舉人及被保舉人也施行連坐，《秦律雜抄・除吏律》載：「任法（廢）官者為吏，貲二甲。」〔註50〕

〔註45〕 指的是先對犯人本身執行各種肉刑凌虐，再處以死刑：五刑乃指「黥」、「劓」、「刖」、「宮」及「死刑」。出處同前注。

〔註46〕 如在軍事上，《商君書・境內篇》載：「其戰也，五人束簿為伍，一人死而剄其四人。」〈畫策篇〉也載：「行間之治，連以五」。

〔註47〕 《睡虎地秦墓竹簡》戊午年本，頁397。

〔註48〕 《睡虎地秦墓竹簡》戊午年本，頁433。

〔註49〕 《史記・秦始皇本紀》九年連坐嫪毐罪，「及其舍人輕者為鬼薪，及奪爵遷蜀四千餘家，家房陵。」十二年，「文信侯不韋死。……秦人六百石以上，奪遷爵。五百石以下，不臨遷，勿奪爵」。

〔註50〕 《睡虎地秦墓竹簡》戊午年本，頁403。

〈法律答問〉也載：「任人爲丞，丞已免，後爲令，今初任者有罪，令當免不當？不當免。」〔註51〕若情節嚴重者，依照秦法平等的精神，即使是上位者亦不能免，如睡虎地秦簡《編年紀》載：「五二年，王稽、張祿死。」張祿即范雎，正是因爲他是王稽、鄭安平的保舉人，當秦昭襄王五二年，王稽兵敗，河東失守後，被牽連致死。〔註52〕

（二）在人民的組織上

《韓非子・定法篇》曾言商鞅治秦時：

> 設告相坐而責其實，連什五而同其罪。賞厚而信，刑重而必，是以其民用力勞而不休，逐敵危而不卻，匿教童，及占瘤（癃）不審，典、老贖耐。百姓不當老，至老時不用請，敢爲酢（詐）偽者，貲二甲；典、老弗告，貲一甲；伍人，戶一盾，皆惡（遷）之。〔註53〕

隱匿國家賦稅、徭役，〔註54〕當然需要連坐，但對於「親親尊尊，人道之大者也」（《中庸・第二十一章》）的人倫親情，秦律法亦以嚴酷的刑罰予以驅除，無怪學者以「反人文觀」視之。在秦簡中曾載：

> 削（宵）盜，臧（贓）直（值）百十一，其妻、子智（知），與食肉，當同罪。〔註55〕

> 削（宵）盜。臧（贓）直（值）百五十，告甲，甲與其妻、子智（知），共食肉。甲妻、子與甲同罪。〔註56〕

案例中犯罪者所求不過全家溫飽，而刑不但施及罪犯本人，其妻與子因不舉發某某而同罪。由於秦法之苛，罔顧人倫情誼，漢初賈誼曾評論說：「商君遺禮義，棄仁恩，并心於進取，行之二歲，秦俗日敗。故秦人家富子壯則出分，家貧子壯則出贅。借父耰鋤，慮有德色；母取箕掃，立而誶語。抱哺其子，與公併倨；婦姑不相說，則反脣而相稽。其慈子耆利，不同禽獸者亡幾耳。」（《陳政事疏》）所述情狀難以想見，但以秦簡所載實例，賈誼所評之語似無過當，《睡虎地秦簡》《封診式》載：

〔註51〕《睡虎地秦墓竹簡》戊午年本，頁479。
〔註52〕見黃勝璋：《雲夢秦簡編年紀初步研究》。
〔註53〕《睡虎地秦墓竹簡、法律答問》：「可（何）爲「匿戶」及「敖童弗傅」？匿戶弗繇（徭）、使，弗令出戶賦之謂殹（也）。」戊午年本，頁417。
〔註54〕《睡虎地秦墓竹簡、法律答問》戊午年本，頁487。
〔註55〕《睡虎地秦墓竹簡、法律答問》戊午年本，頁433。
〔註56〕《睡虎地秦墓竹簡、法律答問》戊午年本，頁434。

爰書：某里士五（伍）甲告曰：「謁鋈親子同里士五（伍）丙足，毄（遷）所，敢告。」〔註57〕

爰書：某里士五（伍）甲告曰：「甲親子同里士五（伍）丙不孝，謁殺，敢告。」〔註58〕

這二案例說的是二個父親分別提出告訴，請求官吏將其子斷足、處死，並且無具體例證指出其子應當受死或斷足，顯示在秦法連坐告奸制的實施下，社會民眾的人倫親情淪喪。

在秦法講求「重刑」、「連坐告奸」的影響下，秦國的人民動則得咎，只是主政者統治的工具，斐駰《史記集解》曾評論曰：「衛鞅，內刻刀鋸之刑，外深鈇鉞之誅，步過六尺者有罰，棄灰於道者被刑。一日臨渭而論囚七百餘人，渭水盡赤，號哭之聲，動於天地，蓄怨積讎，比於山丘。」以商鞅為代表的商學派，其加於秦國人民的苦難，是十分沈重的。

二、以徭役重稅壓榨人民

前文提及，商學派主要成效在於使國家能富能強，但若從人民的角度而言，商學派的重農主義使個人經濟環境向上提升嗎？其答案是否定的。杜正勝先生說：「春秋晚期以後封建崩解，社會基本的單位逐漸轉變成為個體家庭，集權中央政府才有可能實現。集權政府的財源取于每家的賦稅，軍隊出自每家的壯丁，沒有財源和軍隊便不可能有集權的政府。這些家庭就是史書所謂的『編戶齊民』。」〔註59〕秦國從商鞅開始變法時，就對秦國原本不太牢固的宗法社會組織，變成新的軍國社會組織，《史記・商君列傳》載：「民有二男以上不分異者，倍其賦。」強迫人民由原有的大家庭脫離，就是要實行嚴格的戶籍法規，來提高國家經濟上的稅收。

戶籍登錄起源十分早，〔註60〕更因為涉及朝廷財政收入及兵役力役的來

〔註57〕《睡虎地秦墓竹簡》戊午年本，頁523。
〔註58〕《睡虎地秦墓竹簡》戊午年本，頁525。
〔註59〕杜正勝：《古代社會與國家》（台北：允晨文化，1992年），頁780。
〔註60〕據日本學者池田溫的考定，早在商朝時，在康王二十五年的《小盂鼎》上，其上詳記著討伐鬼方，「隻（獲馘）四千八百□十二馘」，孚（俘）人萬三千八十一人」等，乃列舉俘虜之數，而行告捷獻馘之禮。《逸周書》世俘解記述周武王討伐商紂滅殷，傳云「馘磿億有七萬七千七百七十有九，俘人三億萬有二百三十」。關於此處的磿，孫詒讓氏認為是與歷同聲的假借字，並解釋凡

源，所以戰國時各國皆對此項措施十分注意，《管子‧度地篇》就載：「常以秋歲末之時閱其民，按家人比地，定十五口數，別男女大小。其不為用者，輒免之；有錮病不可作者，疾之；可省作者，半事之。異行以定甲士當被兵之數，上其都。」秦亡楚漢相爭時，劉邦之所以能戰勝楚霸王，其原因之一就是重視戶籍，《史記‧高祖本紀》載：「沛公至咸陽，……（蕭）何獨先入收秦丞相、御史律令圖書藏之，……漢王所以具知天下阨塞、戶口多少、強弱之處、民所疾苦者，以（蕭）何具得秦圖書也。」由於秦國欲將人民編制為「五口之家」的小單位，令民為什伍，對於戶籍的資料一定詳加記錄，《商君書‧境內篇》所載：「四境之內丈夫女子皆有名於上，生者著，死者削」的情況想必有確實的執行，林啟屏先生說：「商鞅（包含商學派的主張）對於秦國社會的改革，乃兼從貴族與平民兩方面入手，商鞅一方面打擊貴族，使之無法分享統治國君的資源，一方面將徵收資源的計算單位由「宗族村社」轉為「個體家庭」，如此一來，統治者才有可能擺脫過貴族的中間剝削，進而直接支配所有的人力、物力，以便因應當時爭雄所需」。〔註61〕

秦國為了當時征戰的需要詳定戶籍，就是要向人民徵收徭役及賦稅，秦國的徭役和賦稅，約略可分為四種：

1. 人頭稅，也就是「口賦」。
2. 按田畝收成抽稅的「田租」。
3. 各種國家工程或戰爭運輸的徭役。
4. 軍役。

《漢書‧食貨誌》曾提到秦的賦稅，說：「田租，口賦，二十倍於古」，而替國家無償式的勞力役是「一歲屯戍，一歲力役，三十倍於古。」雖然所收賦稅的金額不詳，但從《食貨志》說：「秦收泰半之稅」可以推知，民眾的負擔是十分沈重的。更嚴重的是，由於商業的發達與貨幣的廣泛流通，商人高利

是記校名數的簿書，通教作歷，即所執的識和俘的名籍；貝塚茂樹氏亦繼承此說，解釋磨等於歷，即指載人名冊而服力役的人民的身份。郭沫若與顧頡剛兩氏則認為模式直接指高（奴隸），人是指自由民和居官者，奴隸之人數與名必須登記於簿籍，以防逃亡而備稽查，故叫作歷。作為《逸周書》之磨的解釋。無論採取上述的哪一種說法，古代曾有十數萬乃至三十餘萬人這樣俘虜名籍的存在，是可以想定的。見日人池田溫《中國古代籍帳研究》，東京大學東洋文化研究所，1979年，頁41～42。

〔註61〕林啟屏：〈從五口之家的新社會基礎論商鞅韓非支配格局的建立〉，國立台灣大學《中文學報》第十一期，1999年5月，頁17。

貸的行為急速地侵蝕一般民眾。商人囤積居奇、低買高賣，使「農民解凍而耕，暴背而耨，無積粟之實」(《戰國策・秦策四頓弱說秦王語》)，自己「蓄積待時，而侔農夫之利」(《韓非子・五蠹篇》)，在賦稅及高利貸的雙重打擊下，秦國人民的經濟情況常常是破產的。

在經濟破產下，秦國人民尚須負擔許多浩大工程的「力役」。如「北築長城」、「南戌五嶺」，動用的人力前者「四十餘萬」，後者「五十餘萬」〔註62〕人，從秦二世修築阿房宮，令民「自齎糧食，咸陽三百里內，不得食其穀。」〔註63〕的例子看來，這種勞役不但無償，並且要人民自備糧食。而運送戌守邊疆所需的物資也是繁重的徭役，如蒙恬率兵「壁地進境，戌於河北」秦王朝就必須發動人民準備軍需，據《漢書・主父偃傳》載：「使天下飛芻挽粟，起於黃、倕、瑯邪負海之郡，轉輸河北，率三十鍾而致一石，男子疾耕不足於糧餉，女子紡績不足於帷幕，百姓靡敝，孤寡老弱不能相養，道死者相望，蓋天下始叛也。」〔註64〕這種「戌者死於邊，輸者僨於道」(《漢書・晁錯傳》)的繁雜力役，還常常不是秦國國家整體利益所需，而僅僅只是為了滿足統治者一人的慾望。

從《史記・秦始皇本紀》中估計，秦王朝所築的宮殿粗計「關中計宮三百，關外四百餘」，僅僅秦國首都咸陽就有「宮觀二百七十」，這麼多的離宮別館「彌山跨谷，輦道相屬」(《三輔黃圖》)，在首都咸陽附近的宮殿更是「復道甬道相連」(《史記・秦始皇本紀》)。而僅以秦始皇一人為例，在兼併六國戰爭中，每滅一國，就在咸陽「北阪」蓋相起相同的宮殿，範圍是「南臨渭，自雍門以東至涇、渭，殿屋復道周閣相屬」(《史記・秦始皇本紀》)，在統一後次年（220bc）「作信宮渭南」(《史記・秦始皇本紀》)，又在秦始皇三十五年（212bc）「營朝宮於渭南上林苑中」，「可受十萬人。車行酒，騎行炙，千人唱，萬人和，銷鋒鏑以為金人十二，立於宮門」(《三輔黃圖》)。這個朝宮的前殿，就是著名的阿房宮，此宮殿的規模甚大，後世甚至有「蜀山兀，阿房出」〔註65〕的形容，據載：阿房宮「東西五百步、南北五十丈，上可以做萬人，下可以建五丈旗。周馳為閣道，自殿下直抵南山，表南山之顛以為闕。為復道，自阿房宮渡渭，屬

〔註62〕 見《續漢書、郡國誌》引〈帝王世紀〉。
〔註63〕 《史記・秦始皇本紀》卷6，頁74。
〔註64〕 見《漢書・主父偃傳》，頁2802。
〔註65〕 見杜牧：〈阿房宮賦〉。

之咸陽，以像天極，閣道絕漢抵營室也。」（《史記・秦始皇本紀》）更有甚者，始皇初即位即建酈山陵寢，「及并天下，天下徒送詣七十餘萬人。穿三泉，下銅而致槨。宮觀百官、奇器珍怪，徙臧滿之。令匠作機弩矢，有所穿近者輒射之。以水銀爲百川江河大海，機相灌輸，上具天文，下具地理。以人魚膏爲燭，度不滅者久之。」而其子胡亥二世繼位後，「或言工匠爲機、臧皆知之，臧重即泄。」爲了滅口，竟「禁閉工匠臧者，無復出者」。〔註66〕

若以漢初晁錯形容漢時農夫的情況看來，秦王朝統治下的人民比漢朝時境遇更慘，而漢朝當時農夫的情況，據晁錯的形容是：「今農夫五口之家，其服役者不下二人，其能耕者不過百畝，百畝之收，不過百石，春耕、夏耘、秋收、冬藏、伐薪樵、治官府、給繇役。春不得避風塵，夏不得避暑熱，秋不得避陰雨，冬不得避寒凍，四時之間亡日休息……勤苦如此，尙復被水旱之災，及政暴虐，賦斂不食，朝令而暮改，當具有者，半賈而賣，亡者收倍稱之息，有賣田鬻子孫以償者矣。」〔註67〕在秦王朝統治下的人民，一方面要耕作，成爲一個農夫，或無償地出賣自己的勞力，一方面若國家有需要，則要成爲一個戰士，甚至在統治者無窮止盡的慾望下隨時準備犧牲自己的生命，由此可以論斷，在秦王朝無止盡地壓榨、奴役人民下，商學派法治思想中的各項主張無疑地成爲統治階層的幫凶，迫使人民發動激烈無比的抗爭和暴動，這也是商學派所必須承擔的歷史評價。

〔註66〕以上皆見《史記・秦始皇本紀》，頁124至130。
〔註67〕《漢書・食貨志》引晁錯言。

第六章　結語——《商君書》法治思想影響秦王朝之得失

　　根據前文分述《商君書》中的法治思想對秦王朝政治、經濟等層面的關聯，雖有一定的影響，但仍有輕與重，以及正面、負面的區別。秦王朝對政府組織、官僚結構、法律制度以及軍事控制上，受商學派的影響較深，至於經濟層面，由於涉及的範圍太過於廣泛，商學派的影響相對起來就比較薄弱。

　　在宗法制度失序下，商學派欲就法律的力量重整社會秩序，所著重的地方是由上管理眾人事物，其措施往往過於泛政治化，純粹地以法律為主，並無人文教化的精神。漢初司馬談〈論六家要旨〉評論曾法家之優點云：「嚴而少恩，若尊主卑臣，明分職，不得相踰越，雖百家弗能改也。」但又評法家是「不別親疏，不疏貴賤，一斷於法，則親親尊尊之恩決矣。可以行一時之計，而不可常用也。」〔註1〕對法家而言，尤其是商學派，其著眼點並不是從社會上人民的角度去施行法治，而是以主政者的立場實施利於統治人民的措施，其流弊一言以蔽之，就是流於絕對的尊君主義，使君權無限提升，相對的，人民的權利就如同草芥一般。

　　事實上，商學派的法治思想原亦是將「君權」亦納入「法治」之下，君主亦受到法律嚴格的限制，《商君書・修權篇》云：

> 國之所以治者三：一曰法，二曰信，三曰權。法者，君臣之所共操也；信者，君臣之所共立也；權者，君之所獨制也。人主失守則危，君臣釋法任私必亂。故立法明分，而不以私害法，則治。權制斷於

〔註1〕見《史記・太史公自序》，卷130。

> 君，則威。民信其賞，則事功成；信其刑，則奸無端。唯明主愛權、
> 重信，而不以私害法。

善治國者以「法、信、權」爲寶，國君與臣下共同遵守，這是商學派法治的眞諦。「法」是在「信」的原則下，君臣上下共同遵守，而君主賞罰之「權」是保障君權與國家運作的利器。就君主而言，遵守法制的約束力應當與臣下無任何區別。〈君臣篇〉說：

> 故明主慎法制，言不中法者，不聽也；行不中法者，不高也；事不
> 中法者，不爲也。言中法，則辯之；行中法，則高之；事中法，則
> 爲之。故國治而地廣，兵強而主尊，此治之至也。人君者，不可不
> 察也。

商學派所設計的政治藍圖下，君權必須「言中法，行中法，事中法，則爲之。」但是，由於戰國末年集權主義的發展與受到韓非學說的影響，在商學派君權的主張中逐漸轉化爲絕對的尊君制。如〈禁使篇〉說：

> 凡知道者，勢、數也。故先王不恃其強，而恃其勢；不恃其信，而
> 恃其數。今飛蓬欲飄風而行千里，乘風之勢也；探淵者之千仞之深，
> 縣繩之數也。

> 得勢之至，不參官而潔，陳數而物富。今恃多官眾吏，官立丞、監，
> 夫置丞立監者，且以禁人之爲利也。而丞、監亦欲爲利，則何以相
> 禁？故恃丞、監而治者，僅存之治也。通數者不然也。別其勢，難
> 其道，故曰：其勢難匿者，雖跖不爲非焉。故先王貴勢。

這篇〈禁使篇〉據本文推斷應在戰國末期所作，〔註2〕文中所謂「先王貴勢」之言，與前文所說善治國者應以「法、信、權」爲寶者有明顯不同，顯而易見的是，商學派的君權發展到這時，已經利用君主之威「勢」的方法統治臣下，這時君臣所共持的「信」已被破壞，君主之「權」依靠「勢」鞏固，那麼「法」律對君主的限制將越變越小，亦是可以想見的。

上述的理論當可看做是商學派君權的發展，但無疑地是亦受到韓非思想影響所致。韓非運用慎到、申不害的「勢」、「術」理論而有所發揮，亦即君主必須透過「法、術、勢」三者結合的運用，才能將保障自身地位、國家於不失。《韓非子‧主道篇》說：

〔註 2〕見本文第一章所作表次，頁 13。

> 明君無爲於上，群臣竦懼乎下。明君之道：使智者盡其慮，而君因
> 以斷事，故君不窮於智；賢者敕其才，君因而任之，故君不窮於能。
> 有功則君有其賢，有過則臣任其罪，故君不窮於名。是故不賢而爲
> 賢者師，不智而爲智者正；臣有其勞，君有其成功。此之謂賢主之
> 經也。

從這段敘述可看出，韓非的人主之道是講求絕對的君權。政策有功，君主獨
攬；政策有誤，群臣失職。君主逐漸變成獨一無二的「神」，群臣相對地卑微
如同僕役一般，而要維持這種「君無爲而臣竦懼」的形勢，就是要靠君主的
「獨斷之勢」及「統御之術」了。韓非吸收商鞅學說而有所發展，商學派及
秦王（尤其是秦始皇）也一定注意到這一理論。從秦始皇發出「嗟于！寡人
得見此人，與之游，死不恨矣。」（《史記‧老子韓非列傳》）的感慨可知，浸
淫在商學派學說中的秦王見到這一理論是如何的興奮了。

當時君主集權制度雖有其存在的歷史背景，但站在後世批評者的角度而
言，其缺失是顯而易見的，那就是國君擁有立法權的缺失，商學派的學說亦
是流於此弊端而不自知，梁啓超先生說：「法家最大的缺點，在立法權不能正
本清源。彼宗固立言吾主當『置法以自治，立儀以自正』力言人君『棄法而
好行私謂之亂』。然問法何自出，誰實制之？則仍曰君主而已。」〔註 3〕在君
權無限提升之下，立法之權又操之於國君之手，君權無法制衡，君主個人的
野心可以膨脹至於無限，若遇到明理守法的君主自然仍可謹守分際，但若是
君主不明者，往往自身違法亂紀，成爲國家不安的來源，王邦雄先生說：「法
既出乎君，君擁有立法之大權，前王所立之明法，今主亦不必接受，而自可
另立新法。即使中主之君，不更立新法，仍循前王之舊法以爲治。然行法之
術與勢，又爲君主所獨操獨運，君若無德則難以立法，反以其無不禁之勢與
不可知之術，背法自爲或廢法不爲。」〔註 4〕換言之，在商學派或韓非絕對尊
君學說中，雖然爲君主集權的政治形式提供了理論根據，但君權的無限膨脹
已反成爲其學說的最大缺陷。

總結商學派的法制思想與秦王朝的關係，本文歸納出二點，一、富國強
兵之術爲初期商學派所重，以商鞅爲代表。二、絕對尊君的學說爲後期商學
派所補充發展，而以秦始皇爲此說表現的極致。秦王朝在商學派思想的幫助

〔註 3〕梁啓超《先秦政治思想史》第十六章，（台北：東大圖書公司，1987 年版）。
〔註 4〕見王邦雄：《韓非子哲學》，（台北：東大圖書公司，1977 年出版），頁 244。

下，由一春秋時的弱後小國，到一統六國虎吞天下，其間商學派的學說功不可沒，但由於商學派及秦王朝在尊君體制的脫軌發展，使得無限制的君權成為秦國國政的亂源，走上滅亡的道路亦是十分合於情理的。

參考書目

以出版年代先後爲序

一、《商君書》及商鞅相關之著作

1. 《商君書探源》：羅根澤，《國立北平圖書館館刊》第九卷第一期，1935年1月。

2. 《商君書考證》：容肇祖，《燕京學報》第二十一期，1937年6月。

3. 《商君書新校正本》：嚴萬里，收於王雲五主編之萬有文庫簡編第三十冊，上海：商務印書館，1939年出版。

4. 《商君書眞僞辨》：熊公哲，台北：國立政治大學學報第九期，1964年5月出版。

5. 《商鞅的法律思想》：劉公木，《中國國學》，1970年第8期。

6. 《商君書解詁定本》：朱師轍，台北：商務印書館，四庫全書珍本，1971年出版。

7. 《商鞅方升與戰國量制》：馬承源，《文物》1972年第6期。

8. 《商鞅農戰政策之研究》：王志成，《國立台灣師大國文研究所集刊》，1979年第23期。

9. 《商君書》：商鞅，四部叢刊正編，台北：商務印書館，1979年11月臺一版。

10. 《商鞅變法的文化意義》：封思毅，《中國國學》，1982年第10期。

11. 《商鞅評傳》：陳啓天，台北：商務印書館，1986年出版。

12. 《商鞅及其學派》：鄭良樹，台北：學生書局，1987年8月初版。

13. 《商君書今註今譯》：賀凌虛，台北：商務印書館，1988年出版。

14. 《商鞅反人文關研究》：黃紹梅，私立東吳大學中國文學研究所碩士論文，1992年5月。

15. 《商鞅評傳》：陳啓天，台北：商務印書館，1995 年 10 月臺二版第一刷。

16. 《商君書思想研究》：王家仁，私立淡江大學中國文學研究所碩士論文，1996 年 6 月。

二、古　籍

1. 《左傳正義》：〔晉〕杜預注，〔唐〕孔穎達正義，十三經注疏本，台北：廣文書局，1972 年 8 月再版。

2. 《日知錄》：〔清〕顧炎武，台北：世界書局，1974 年 7 月五版。

3. 《觀堂集林》：王國維，台北：河洛出版社，1975 年版。

4. 《通典》：〔唐〕杜佑，台北：國泰文化事業有限公司，1977 年 1 月初版。

5. 《論語》：十三經注疏本，台北：藝文印書館，1979 年 3 月七版。

6. 《禮記》：十三經注疏本，台北：藝文印書館，1979 年 3 月七版。

7. 《呂氏春秋》：四部叢刊正編，台北：商務印書館，1979 年 11 月臺一版。

8. 《孟子》：孟子，四部叢刊正編，台北：商務印書館，1979 年 11 月臺一版。

9. 《周易》：四部叢刊正編，台北：商務印書館，1979 年 11 月臺一版。

10. 《國語》：左丘明，四部叢刊正編，台北：商務印書館，1979 年 11 月臺一版。

11. 《詩經》：四部叢刊正編，台北：商務印書館，1979 年 11 月臺一版。

12. 《管子》：管子，四部叢刊正編，台北：商務印書館，1979 年 11 月臺一版。

13. 《墨子》：四部叢刊正編，台北：商務印書館，1979 年 11 月臺一版。

14. 《戰國策》：劉向，四部叢刊正編，台北：商務印書館，1979 年 11 月臺一版。

15. 《韓非子》：韓非，四部叢刊正編，台北：商務印書館，1979 年 11 月臺一版。

16. 《容齋隨筆》：〔宋〕洪邁，台北：商務印書館，1981 年出版。

17. 《荀子新注》：北大哲學系注，台北：里仁書局，1983 年 11 月 15 日。

18. 《景印文淵閣四庫全書總目提要》：台北，商務印書館，1983 年。

19. 《崔東壁遺書》：〔清〕崔述，上海：古籍出版社，1983 年版。

20. 《讀通鑑論》：〔清〕王夫之，台北：漢京文化事業股份有限公司，1984 年 7 月 1 日出版。

21. 《春秋大事表》：〔清〕顧棟高，《景印文淵閣四庫全書》，台北：商務印書館，1985 年出版。

22. 《後漢書志》：〔梁〕劉昭補注，《景印文淵閣四庫全書》，台北：商務印書館，1985 年出版。

23. 《文獻通考》：〔元〕馬端臨，台北：商務印書館，1987 年臺一版。

24. 《後漢書》：〔宋〕范曄撰、〔唐〕李賢等注，收入楊家駱主編《中國學術類編》，台北：鼎文書局，1991 年出版。

25. 《漢書》：〔漢〕班固撰、〔唐〕顏師古注，收入楊家駱主編《中國學術類編》，台北：鼎文書局，1991 年出版。

26. 《史記會注考證》：〔日〕瀧川龜太郎，台北：萬卷樓圖書有限公司，1993 年 8 月初版。

27. 《漢書補注》：王先謙，大陸：中華書局，1993 年 11 月北京第二次印刷。

28. 《增定韓非子校釋》：陳啟天，台北：商務印書館，1994 年 11 月初版。

三、專　著

1. 《中國度量衡史》：吳承洛，上海：商務印書館，1967 年。

2. 《古史辨》：羅根澤，台北：明倫出版社，1970 年 3 月臺初版。

3. 《漢書藝文志講疏》：顧實，台北：廣文書局，1970 年 11 月初版。

4. 《先秦諸子繫年》：錢穆，台北：商務印書館，1975 年 6 月增定三版。

5. 《韓非子哲學》：王邦雄，台北：東大圖書公司，1977 年出版。

6. 《諸子通考》：蔣伯潛，台北：正中書局，1978 年出版。

7. 《韓非子評論》：熊十力，台北：學生書局，1978 年出版。

8. 《秦會要訂補》：徐復先，台北：鼎文書局，1978 年出版。

9. 《中國古代籍帳研究》：（日）池田溫，東京大學東洋文化研究所，1979 年。

10. 《中國法制之社會史的考察》：陶希聖，台北：食貨出版公司，1979 年 12 月。

11. 《經學歷史》：皮錫瑞，台北：鳴宇出版社，1980 年出版。

12. 《西周春秋時代卿大夫氏族內部的宗法制度》，載《歷史論叢》第二輯，山東：齊魯書社，1981 年版。

13. 《睡虎地秦墓竹簡》戊午年本，台北：里仁書局，1981 年 11 月版。

14. 《先秦兩漢經濟史稿》：李劍農，台北：華世出版社，1981 年 2 月初版。

15. 《雲夢秦簡初探》：高敏，大陸：河南人民出版社，1981 年。

16. 《中國歷史地理》：石璋如等著，台北：中國文化大學出版部，1983 年。

17. 《續偽書通考》：鄭良樹，台北：學生書局，1984 年出版。

18. 《中國文學發展史》：劉大杰，台北：華正書局，1984 年出版。

19. 《中國知識階層史論》：余英時，台北：聯經事業出版公司，1984 年 2 月再版。

20. 《秦律通論》：栗勁，大陸：山東人民出版社，1985 年 5 月第一次印刷。

21. 《中國法家概論》：陳啓天，台北：中華書局，1985 年 9 月四版。

22. 《中國哲學十九講》：牟宗三，台北：學生書局，1986 年出版。

23. 《戰國史》：楊寬，台北，谷風出版社，1986 年 9 月初版。

24. 《秦集史》：馬非百，台北：弘文館出版社，1986 年 10 月初版。

25. 《秦漢史》：錢穆，台北：東大圖書公司，1987 年出版。

26. 《先秦政治思想史》：梁啓超，台北：東大圖書公司，1987 年版。

27. 《中國文化史》：柳詒徵，台北：正中書局，1987 年出版。

28. 《中國人性論史》：徐復觀，台北：商務印書館，1988 年。

29. 《史學與傳統》：余英時，台北：時報文化出版社，1988 年版。

30. 《漢代的流民問題》，羅彤華，台北：學生書局，1989 年出版。

31. 《兩漢思想史》：徐復觀，台北，學生書局，1990 年版。

32. 《中國政治思想史》：蕭公權，台北：聯經出版社，1990 年出版。

33. 《中國哲學史新編》：馮友蘭，台北：藍燈文化事業公司，1991 年出版。

34. 《先秦法家史論》：王曉波，台北：聯經出版社，1991 年出版。

35. 《周代采邑制度研究》：呂文郁，台北：文津出版社，1992 年 3 月初版。

36. 《編戶齊民》：杜正勝，台北：聯經出版事業公司，1992 年 5 月第二次印行。

37. 《古代社會與國家》：杜正勝，台北：允晨文化出版社，1992 年。

38. 《中國哲學史》：勞思光，台北：三民書局，1992 年 9 月。

39. 《秦史》：林劍鳴，台北：五南圖書出版有限公司，1992 年 11 月初版一刷。

40. 《秦漢法律史》：孔慶明，陝西人民出版社，1992 年 3 月第一版。

41. 《睡虎地秦簡研究》：徐富昌，台北：文史哲出版社，1993 年 5 月。

42. 《周代國野關係研究》：趙世超，台北：文津出版社，1993 年 10 月初版。

43. 《中國政治思想史》：蕭公權，台北：聯經出版事業公司，1993 年 12 月初版。

44. 《中國古代哲學史》：胡適，台北：遠流出版事業股份有限公司，1994 年 1 月初版七刷。

45. 《中國哲學史》：馮友蘭，台北：商務印書館，1994 年 5 月增定臺一版，第二刷。

46. 《睡虎地秦簡論考》：吳福助，台北：文津出版社，1994 年。

47. 《中國文化史》：杜正勝，台北：三民書局，1995 年出版。

48. 《戰國史》：楊寬，台北：商務印書館，1997 年增定版，1998 年 10 月初

版五刷。

49. 《睡虎地秦簡初探》：高敏，台北：萬卷樓圖書有限公司，2000 年 4 月初
版。

四、期刊論文

1. 〈封建、郡縣之論爭與演進〉：馬先醒，《簡牘學報》1975 年第一卷合訂
本。

2. 〈簡牘本秦律之律名、條數及其簡數〉：馬先醒，《簡牘學報》1976 年第
一卷合訂本。

3. 〈睡虎地秦簡釋文〉，雲夢秦墓竹簡整理小組，《文物》1976 年第 6、7、8
期。

4. 〈韓非法學中的君德論〉：王靜芝，《東吳法律學報》第二卷第一期，1977
年 11 月出版。

5. 〈秦漢的上計與上計吏〉：葛劍雄，收入《中華文史論叢》1982 年第二輯。

6. 〈從李斯廷議看周代封建制的解體〉：管東貴，中央研究院歷史語言研究
所集刊，1983 年 12 月。

7. 〈探討商鞅反對人文教化之原因〉：劉文起，《孔孟月刊》1984 年第 22 卷
第 9 期。

8. 〈從爵制論商鞅變法所形成的社會〉：杜正勝，中研院歷史語言研究所集
刊，第五十六本第三分，1985 年 9 月初版。

9. 〈論戰國重本抑末政策產生的歷史必然性與影響〉：黃顯功，《先秦、秦漢
史》，1985 年第 10 期。

10. 〈從秦人價值觀看秦文化的特點〉：林劍鳴，台北：《歷史研究》第 3 期，
1987 年。

11. 〈秦律的形成與發展〉：金善珠，國立台灣大學歷史研究所博士論文，1991
年 6 月。

12. 〈由雲夢秦簡看商鞅的智慧〉：余宗發，《國立僑大先修班學報》，第 1 期，
1993 年 7 月。

13. 〈論秦穆公的人才思想〉《周秦研究專號》：張潤堂，台北：《文博雙月刊》，
1993 年，第六期。

14. 〈嬴秦資料研究二題〉：余宗發，《國立僑大先修班學報》第二期，1994
年 7 月。

15. 〈從五口之家的新社會基礎論商鞅韓非支配格局的建立〉：林啟屏，台灣
大學中文學報，第 11 期，1995 年 5 月。

16. 〈「封建社會」概念的由來〉：柯懷宏，香港：《二十一世紀雙月刊》第 29

期，1995 年 6 月號。

17. 〈秦文化淵源與秦人起源新探〉：牛世山，《考古》1996 年第 3 期。

18. 〈秦簡律法研究〉：傅榮珂，台灣師範大學國文研究所博士論文，1996 年 6 月。

19. 〈秦法家思想研究〉：朱心怡，國立中山大學中國文學研究所碩士論文，1998 年 6 月。

20. 〈韓非尊君學說與兩漢政經形勢〉：黃紹梅，私立東吳大學中國文學研究所博士論文，1998 年 10 月。